●广东省普通高校人文社科重点研究基地“粤西教师教育研究中心”资助项目

●广东省协同创新平台“粤台教师教育协同创新发展中心”资助项目

●教育部地方高校第一批本科专业综合改革试点“小学教育”资助项目

●广东省创新强校工程“地方高师院校教、研、创‘三力型’小学卓越教师培养模式的探索与实践”资助项目

学校高效管理的创新力

XUEXIAO GAOXIAO GUANLI DE CHUANGXINLI

丛书主编 ◎ 罗海鸥

张 旭 ◎ 著

江蘇鳳凰教育出版社
Phoenix Education Publishing, Ltd

图书在版编目（CIP）数据

学校高效管理的创新力 / 张旭著．—南京 ：江苏凤凰教育出版社，2016.8

ISBN 978-7-5499-6011-8

Ⅰ.①学…　Ⅱ.①张…　Ⅲ.①学校管理—创新管理　Ⅳ.①G47

中国版本图书馆 CIP 数据核字（2016）第 200474 号

书　　名　学校高效管理的创新力
作　　者　张　旭
责任编辑　雷利军　沈倩倩
出版发行　江苏凤凰教育出版社（南京市湖南路 1 号 A 楼　邮编 210009）
苏教网址　http：//www.1088.com.cn
照　　排　北京世纪鸿文制版技术有限公司
印　　刷　三河市九州财鑫印刷有限公司
厂　　址　河北省三河市灵山大口
开　　本　787 毫米×1092 毫米　1/16
印　　张　10
字　　数　143 千字
版　　次　2017 年 6 月第 1 版　2017 年 6 月第 1 次印刷
书　　号　ISBN 978-7-5499-6011-8
定　　价　30.00 元
网店地址　http://jsfhjycbs.tmall.com
邮购电话　025-85406265，85400774　短信　02585420909
E - mail　jsep@vip.163.com
盗版举报　025-83658579

前 言

在创新中管理

眨眼之间，我从中学团委书记、政教处主任、副校长、校长一路走来已有二十多年了。如果说这二十多年有所进步，那是因为我一直坚持改革与创新、开拓与发展。

成绩与荣誉

1992 年，我作为教坛上的一名新秀，崭露头角，被评为“廉江市教坛新秀”“廉江市优秀团干部”。1994 至 1996 年，连续三年被评为“廉江市先进教育工作者”。1997 年，被评为“湛江市普教系统师德建设先进个人”。1999 年，荣获“五十年辉煌　新世纪畅想”读书活动全国优秀指导奖。2003 年，被评为“廉江市优秀校长”。2004 年，被评为“廉江市十大优秀青年”“廉江市新长征突击手”。2005 年，被评为“湛江市优秀党员”“湛江市优秀教师”。2009 年，被评为廉江市首届“十名优秀校长”之一。2010 年，被评为“湛江市优秀党务工作者”。2011 年，被评为“湛江市师德先进个人”“广东省普教系统优秀党务工作者”。2012 年，被评为“廉江市第六批专业技术拔尖人才”，同年荣获“湛江市五一劳动奖”与“全国特色教育优秀工作者”称号。2015 年，荣获“全国创新名校校长”“广东省师德先进个人”称号。这些成绩不应成为炫耀的资本，但记录了我努力进取的足迹。

我喜欢对教育实践进行探索，不但发表了20余篇学术论文，如《以〈论语〉为标杆，开创学校德育工作的新思路》《经典传承文明，诵读润泽人生》《阅读教学的审美追求》《浅谈创建绿色生态校园与促进学校发展的关系》《控制学生流失，巩固“普九”成果》《学校思想政治工作在新形势下的新思路》《加强和改进学校思想政治工作》《市场机制冲击下高中招生策略与研究》等，而且出版了多本校本教材，如《读〈论语〉学做人——让青少年受益一生的儒学智慧》《让心灵永远充满阳光》《文明礼仪》等。其中，论文《以〈论语〉为标杆，开创学校德育工作的新思路》获省德育论文二等奖。此外，由我主持的中央教育科学研究所重点科研课题“传统文化与语文教学”的子课题“语文教学中弘扬传统文化的途径”取得预期成果，经评审委员会专家的评估鉴定，成绩优秀。

憧憬与实现

1965年的一个深秋，我出生在廉江市的一个山村里。在家乡的那一片充满着泥土气息的山坡上，我度过了无数个自由而快乐的日子。放牛、抓小鸟、偷甘蔗、学山歌……这些很多城市里的孩子觉得匪夷所思的事情，却是我童年最鲜活的色彩、最美好的回忆。

每个人小时候都会对未来有无限的憧憬，我也不例外。

当时我们村里有一个人当了乡镇干部，在村子里很有声望。自然地，我把他视为偶像，常常梦想自己长大以后能像他一样当上干部。那时的我对于当干部并没有一个很明确的概念，只知道当了干部就不会吃不饱、穿不暖，还能让父母觉得体面。因此，和小伙伴们在一起玩耍时，我常有意识地锻炼自己的领导能力。我喜欢做“领头人”，可喜的是伙伴们都愿意听我的，因为我头脑灵活，鬼点子比较多。渐渐地，我渴望走出这片山区，看看外面的世界，远离贫穷的生活。这份单纯的憧憬，是我走出山区的一个动力，而领导能力的培养，也对我日后成为校长有着一定的影响。

1981年，我初中毕业。同年9月，作为家族里唯一一个考上高中的孩子，我进入高中读书。1982年春，因家里贫苦不堪，我主动要求退学，却被父亲狠批一顿。父亲当时说的一番话至今还让我记忆犹新："我们祖祖辈辈都没有一个人读到高中，你是唯一一个。我们把希望都寄托在你身上，你不能辜负我们的期望啊，你要为我们一家争气！只要你肯读书，不管多么困难，我都会供你读书。"我备受感动，从此发奋读书。1986年，我考上大学，进入梦想已久的知识殿堂。

1989年7月，我以优异的成绩被分配到石城中学（现更名为廉江市第五中学）任教，担任学校的高中语文教师兼班主任。年轻的我很快就与学生打成了一片，学生都很尊敬和佩服我。

1991年12月至1994年5月，我担任学校团委书记。我严格要求自己，认认真真地做好每一项工作，不辜负大家的期望。

1994年5月至2000年6月，我担任学校政教处主任。在这六年里，用一句话来说，那就是"不容易过啊!"。教学工作、学生工作、学校事务一下子压到我的肩膀上，让我忙得差点儿喘不过气来。如今回想起这段日子，我发现政教处主任这个职务很锻炼人，我也慢慢地成长起来。在这期间，为了提升学历，我一边承担一线工作，一边参加自学考试。1996年，我获得本科学历。1998年，我获得中学一级语文教师资格。

2000年6月至2002年7月，我担任学校副校长，分管政教、团委、后勤等工作。虽然分管的工作比较多，但我有条不紊，把各项事务都处理得井井有条，这为我以后赢得校长职务奠定了基础。2002年，我开始走上校长岗位，但是这个校长不好当。我任校长时正是学校发展最为艰难的时期，当时的石城中学是一所不被关注的边缘化学校。具体来说，石城中学是一所镇属学校，位于郊区，面临着四大难题：一是教学管理混乱。教师间的关系不和谐，矛盾不断，人际关系非常紧张。二是教学质量低下。从高考的情况来看，学校一年能有一两个学生考上本科，就已经很不错了。学校的排名在全市垫底。三是生源差。由于教学质量低下，学校很难招到优质生源，调皮捣蛋的学生多，很难管理。四是校园环境差。学校绿化很少，到处都是垃圾，让人看起来很不舒服。

面对学校的种种问题，我下定决心进行整改。一方面，加大硬件设施建设力度，翻盖教学楼，使教学环境变得宽敞、舒适。另一方面，促进软件设施建设，如招聘优秀教师，充实师资队伍；加强学校的对外宣传工作，争取招到优质生源等。同时大搞“绿化行动”，实施“绿色工程”，提出“绿色教育”理念，实现学校的华丽转身。

在我的多次努力下，学校由镇属升格为市属，并改名为廉江市第五中学。挂牌那天，我带领全校师生身穿校服，高举环保横幅，在市区里游行了一圈。以环保为主题的游行活动在市里引起了积极反响，“廉江市第五中学”一下子成了众人皆知的名字。学校的名声打响后，我与廉江市环境保护局、公用事业局结成共建单位，高举环保大旗，加大投入，大力创建“绿色生态校园”，把学校建设成布局合理、设施规范、功能齐全、人文意识浓厚的创新型中学。

正当我想在学校大展拳脚的时候，上级领导一纸任命，抽调我去筹建廉江市第一中学。这对我来说，既是一项挑战，又是一个机遇。

2008 年 8 月，我被抽调去筹建廉江市第一中学，任筹建办主任。要建一所新的学校，首先要解决的是征地问题。为了征得学校建设用地，解决“迁坟”问题，我经常出入于村民之间，做各种思想工作。有时候，一些村民当晚拍着胸膛说同意迁坟，可到了第二天他们又反悔了。有一天，一些不同意迁坟的村民竟然闹到了我的家里，扬言要收拾我，我的妻子被吓得都不敢出门了。我及时将情况报告给上级领导，同时对闹事的村民晓之以理、动之以情，最后总算把这次风波给平息了下来。

征地问题得以解决后，学校进入建设中，谁知又遇到了资金短缺的问题。于是，我又开始忙着筹备资金。那时候，我几乎每天都奔走在工地、政府、银行之间，没有一天是空闲的。

廉江市第一中学从2008年12月18日动工，到2009年8月28日竣工，仅用了8个月时间。同年9月1日，学校举行了颇具现模的开学典礼，我担任廉江市第一中学第一任校长。这是一所按高起点、高标准、高规格要求建设的现代化学校，我赋予了它特别的内涵，期望它成为廉江市的教育窗口。

经过三年的“对外谦恭低调，对内修炼苦功”，2012年，廉江市第一中学在中考与高考中喜获佳绩，创造了廉江市的教育奇迹。

在学校管理团队的努力下，廉江市第一中学慢慢步入正轨，并显露出迅猛的发展势头。我通过理念、学习、思路、机制、思想、人际等方面的创新，挖掘管理团队的潜力，从而使学校获得大力发展的力量。

任何事物的创新都要经过一番折腾，一方面要切中传统弊端，另一方面又要挣脱传统观念的束缚，换个角度、换种方式大胆尝试。如举办“三拜孔子”活动，即一拜孔子学礼仪，二拜孔子学做人，三拜孔子学读书，虽然活动的思想内容是积极健康向上的，但是刚开始举办时遭到了不少人的反对。有的人批评这是“封建迷信”，万万不可尝试，随后，一片反对的呼声蜂拥而至。虽然来自各方面的压力很大，但我依然坚持自己的理念，倡导学习传统文化，举办“三拜孔子”的敬师节活动。如今，敬师节活动不仅得到了上级领导的积极肯定，也获得了学生、家长、社会人士的大力支持与积极响应，并逐渐成为引导市文明礼仪的风尚。

创新，无论在何时何地，都会遇到不少的阻挠，但是我始终坚信：道路是曲折的，前途是光明的。只要认准方向，就大胆地往前走；只有大胆开拓创新，学校才能更好地发展。

2013年，我有机会参加北京师范大学组织的校长培训，为期两年。在学习的过程中，我接触了不少同行。在学习和交流中，我发现民办学校拥有很灵活的办学机制，能够满足多层次、多样化的教育需求。经过多番考量，我决定呼吁廉江市引进民资，筹建一所高质量的民办学校，以弥补公办学校办学活力的不足。

刚从北京回来，我不顾自己身患重感冒，马上向市长建议建设一所高质量的民办学校。经过认真的交谈，市长同意引进民资以筹建民办学校。

作为一个开拓者，我怀着对教育的狂热，又开始奔走在工地、政府、银行之间，努力把这所民办学校建设好。从一名中学语文教师成长为一名优秀的校长，这不仅需要勇气和胆魄，更需要创新和行动。在校长职位上摸爬滚打的十几年中，我从来没有放弃过对教育管理的实践与研究。我深深地懂得，教育改革要深入发展，创新管理要不断前进，就必须引进灵活的竞争机制，教师之间既要公平竞争，又要相互学习，取长补短。于是，我又外出参观考察，学习先进经验，并将其加以创新，转化为自己的东西。

2013 年下半年的一次考察给了我灵感。当时，我在甘肃省兰州市考察，途经黄河南岸滨河路的小西湖公园时，我惊喜地发现了一尊《黄河母亲》雕塑。这给我带来了非常大的震撼，顿时，我的脑海里闪现出一个灵感：可以用“感恩教育”作为学校的教育理念！我回到学校后，立即把这个想法付诸实践，并设计出“亲子像”：母亲以仁慈的目光望着小女孩，小女孩踮起脚尖替母亲擦拭汗水。整尊雕像呈现出浓浓的感恩之情，完美地呈现出我所要表达的理念。

经过两次筹建学校，我将教育创新理论和实践统一在明确的办学方向上和具体的办学行动中，使我的教育管理水平不断提升。不少学校都慕名前来廉江市参观学习，很多专家、学者都对我的教育管理给予了高度的赞扬和肯定。

虽然有了一定的成绩，但我并没有安于现状，而是大胆地进行“三导五步”教学改革。刚开始实施教学改革时，早已习惯传统教学模式的教师和学生一下子都难以适应，出现了一些问题，但这并没有阻拦住我坚持教学改革的脚步。随着教学改革的不断推进，大家渐渐地接受了新的教学模式，学校也涌现出了一批“教改先锋”……就这样，从个别班级到全校，从单科到多科，从摸着石头过河到大刀阔斧地推进，“三导五步”教学改革进入全面实施阶段，创新管理又迈出了一大步。

我深知，办好一所学校，靠一两个人不行，要靠一批人，靠一支队伍。在培养领导干部时，我很关注年轻教师，一旦发现好的苗子，就着力培养。学校有一位年轻教师，刚从乡镇调来，在教学上非常认真投入，在业务上也不断追求上进。经过多番考察，我认为他是好苗子，就决定培养他。一有公开课，就让他去上；一有棘手的难题，就让他去处理；一有教学课题，就让他去承担……自然地，要评什么荣誉，也让他积极参与。逐渐地，他从普通教师成长为学校的骨干教师，还担任了学校政教处主任一职。

要想有所作为，就不要害怕失败；即使失败，也不要失去一颗敢于尝试的心。这就是我，永远都不会放弃尝试。我和我的团队也一直在创新中管理，在管理中创新……

创新与人生

对于我来说，最美妙的，还是朗朗的读书声。2013 年春天的一个傍晚，在校长室里的我像以往一样，开始记录自己的管理日记。自从走上教育管理岗位以来，我有太多的教育管理故事，与教师的接触、与学生的接触、与外界的接触，还有学习创新、思路创新、机制创新、思想创新、人际创新……我要好好记录，以便反思曾经的努力、奋斗和探索。

1989年，我以优异的成绩大学毕业，自豪地走进了当时的廉江市石城中学，从此开启了我的教师生涯。童年的我，常常梦想着当一名干部，但最后选择了当一名教师。我以出色的管理成绩获得了上级领导的肯定，多次被推荐到政府部门工作，但经过认真考虑，我发现自己心里还是爱着教育事业，更爱着学生，所以最后还是留在了教育这片土地上，继续耕耘。

有些人把校长这个职位当作升官发财的跳板，而有些人把校长当作一种使命追求。生命有涯，而贡献无涯。我一心只想为教育事业做出自己应有的贡献。一个富有使命感的校长，会把毕生的精力投入教育事业中，不断追求卓越，不断创新管理，不断奋斗前行。

磨剑十年，我已由一名年轻的语文教师成长为一名优秀的校长。在多年的实践和探索中，我认真研究了社会学、心理学、管理学和教育学等，还常常向优秀校长、专家学者等请教，与各地教育名家交流学习。我深切地意识到，如果缺少前瞻性的思考和创新性的管理，学校的发展将是一句空话。同时，作为一名对教育管理有着独到领悟和对学校有着挚爱深情的校长，我理解学校、关心学校、热爱学校。学校作为培养人的场所，关乎学生的未来，乃至一生。真正的教育管理应该植根于教育实践中，应该是“行动研究”，即“在行动中研究”和“在研究中行动”，将理论研究和实践操作统一在具体而丰富的管理情景之中，这样，学生乃至学校发展才会有一个光明的未来。

我大胆地运用创新管理思想的成果去开拓新的局面。

首先，我注重人际关系的培养。作为校长，必须要与人打交道。所谓“天时、地利、人和”，“人和”是决定其创新管理能否实施的一个关键因素，既包括教师、学生，也包括社会各界人士。我采取的方式是，对教师要关心、尊重和宽容；对学生要赞美、关爱并及时沟通；对外界要谦逊、主动、交心。正是由于我的待人智慧，我获得了家人的理解、领导的信任以及同事的信服。这为我进一步的创新管理奠定了良好的群众基础。其次，我肯定学生的个性发展，支持学生开展社团活动，鼓励学生走出校园，走进社会。我认为，通过丰富多彩的实践活动，学生可以彰显自己的个性，提高自己的综合素质。这也是创新管理的意义所在。

当然，在不断的探索与实践中，我时刻不忘理念创新，先后提出了“绿色教育”“雅致教育”和“感恩教育”的理念，深受大家推崇。

随着创新管理的探索和实践，廉江市第一中学获得了更加全面的发展。“一切为了学校的发展”，这是我毕生的追求。

目　录

第一章

人际创新：待人的智慧

作为一校之长，需要与各种各样的人打交道。在学校工作中，校长最主要面对的人是教师、学生，同时，为了学校的发展，也要不可避免地与外界人士打交道。因此，正确处理人际关系就显得尤为重要。这就要求校长在行使职权的过程中，讲究待人接物的艺术和技巧。那么，校长在日常工作中应该如何处理人际关系？如何获得同事的信赖？如何赢得学生的真心？与外界人士的交往又要把握什么样的度呢？

在东方哲学里，关系就是生产力。无论我们走到哪里，“人熟好办事”的潜规则都是适用的。要想获得事业上的成功，就必须获得别人的帮助。我认为，校长如果能获得群众的广泛支持，就能为学校的发展插上翅膀，因此我特别注重待人的智慧。

相信大家对刘邦和项羽的故事并不陌生，大家最为津津乐道的可能是资质平庸、实力远远比不上项羽的刘邦取得了最终的胜利，这是为什么呢？因为刘邦比项羽“圆滑”，善于利用自身的人际关系，懂得待人的智慧，这是他最终取得胜利的最大因素。下面我们来分析一下刘邦和项羽各自对人际关系的处理。

刘邦自少年到青年时期结交的朋友不少，在打天下的时候手下更是笼络了一批人才。他广泛的人际关系不仅在很多时候救了他的命，更是助他登上帝王之位的关键因素。他知道得天下的关键是民心，因此在攻破咸阳后，他做的第一件事就是“悉除去秦法”，禁止乱兵扰民，并出台多项利民政策。凭借这些安民手段，刘邦很快赢得了民心，也为他日后收复三秦打下了群众基础。

刘邦赢得民心的策略在管理学上称作“南风法则”。“南风法则”也叫作“温暖法则”，源于法国作家拉·封丹写的一则寓言：北风和南风比威力，看谁能把行人身上的大衣脱掉。北风凛冽，寒冷刺骨，结果行人把大衣裹得紧紧的；南风则徐徐吹动，顿时风和日丽，行人感到春意，纷纷解开纽扣，继而脱掉大衣，南风获得了胜利。

“南风法则”告诉我们，温暖胜于严寒。运用到管理实践中，“南风法则”要求管理者时刻以人为本，多点“人情味”，少些“权力味”，这有助于提高下属对领导的认同感和忠诚度。得民心者得天下，只有真正俘获了民众的心，民众才会死心塌地追随你。

再来看看项羽。大家都知道韩信是刘邦手下的一员得力大将，但韩信原本是投在项羽门下的。韩信曾经向项羽献计策，希望项羽能够重用他，但是没有被采纳，于是韩信就转而投奔了刘邦。对于韩信的投诚，刘邦的做法是，为韩信修建拜将台，拜他为大将。就这样，项羽因为没有好好利用手中的人才，白白错失了一员大将，并且造就了一个极强的对手。

项羽不懂得处理人际关系的表现主要有三点：其一，项羽虽然很英勇，但是刚愎自用，独断专行，不能任用有才能的将领，没能处理好与下属的关系；其二，项羽在得到关中后，却定都彭城，违背与义帝的约言，结果没有处理好与诸侯、义帝的关系，这方面又失掉了人心；其三，项羽的军队每到一个地方，都要进行烧杀抢掠，老百姓都怨恨他，不愿归附他，项羽没有处理好与老百姓的关系，因此失去了民心。

这么一分析，项羽对人际关系的处理不可谓不糟糕。他完全不懂得如何处理人际关系，不知道如何善待身边的人，也不懂得如何获得民心，尽管他自身能力很高，最终也免不了以失败告终。

刘邦在取得天下后，曾总结成功的原因："在军营中能够谋划指挥，在千里之外能够决定战场上的胜负，我比不上张良；镇守国家，安抚百姓，供给粮饷，保证运粮道路不被阻断，我比不上萧何；统率百万大军，战则必胜，攻则必取，我比不上韩信。这三个人都是人中的俊杰，却能被我所用，这就是我能够取得天下的原因所在。项羽拥有范增这样的人才，却不能好好使用，这就是他被我打败的原因。"

作为一名领导，刘邦能处理好人际关系，善用人才，取得民心，最终能赢得天下；相反，项羽虽然有人才，但是他不懂得处理与人才的关系，失去民心，失败也是必然。

世界成功学大师戴尔·卡耐基说，一个人事业的成功，只有15%是依赖于他的专业知识和技能，而85%则是依靠他的人际关系和处事能力。人际关系确实是成功的重要因素。如果按照卡耐基的公式，那么刘邦夺取天下的成功之道，或许只有15%是靠他的聪明才智，另外的85%则是靠他的人际关系、待人智慧，而相反的比例使得项羽失掉了天下。

从刘邦与项羽各自的结局可以看到，妥善处理人际关系，懂得待人的智慧对领导来说是一个非常重要的策略。校长作为一所学校的最高管理者，懂得如何处理人际关系、如何智慧待人是一项重要的创新能力。

创新箴言：校长作为一所学校的最高管理者，懂得如何处理人际关系、如何智慧待人是一项重要的创新能力。

策略一　关心、尊重、宽容

有人说，一名好校长就是一所好学校。而我认为这样理解更准确：教师是办好学校的最宝贵的资源，只有拥有一个团结和谐的教师团队，才能办出一所和谐进步、全面发展的好学校。作为一名校长，要做的就是努力把所有教师凝结成一个团结和谐的团队。

曾经有人问我："您的下属都非常拥戴您，有什么秘诀吗?"其实，我所谓的秘诀就是给予教师足够的关心、尊重和宽容。这是校长与教师之间的相处之道。用好这三个招数，校长就能与教师和谐相处、同心同德，这也是办好学校的重要保证。

一、关心

不关心学生的教师不是好教师，同样，不关心教师的校长也一定不是好校长。校长只有真诚地关心教师，才能赢得教师由衷的爱戴。需要注意的是，这里说的"真诚的关心"是指发自内心的、真挚的关心，那种虚情假意、流于表面的"情感投资"是没用的。仔细算来，我任校长已经有13个年头了，在任期间，教师们都一直很支持我，其中很大的原因是我能做到真切地关心他们，真心实意地帮助他们。这主要体现在三方面。

一是从生活上关心。我刚担任廉江市第五中学校长时，发现教师的住宿条件很差，教师公寓建设问题拖延了16年之久也未能解决。为了解决这个问题，我多次向市委、市政府和有关部门反映，在市委、市政府的重视下，教师公寓建设的问题最终得到妥善解决。

我也重视解决教师个人在生活上遇到的难题。多年来，教职工只要有困难，都愿意找我帮助。我得知一位同事的妻子患病后，带头捐款，并上门慰问。虽然工作琐碎，但是我觉得值得。

教职工在学校的生活状况，是校长理应关心的，但是这些关心不应虚张声势，只需务实地去做就好。我常常为教职工做的并不是很大的事情，但是很实在，因此赢得了教职工的衷心尊敬。

二是从小事上理解。比如，学校要求每周一早上全校师生一起参加升旗仪式，同时说明，教师如果有特殊原因，言明情况后可以请假。这是一种人性化管理，很有成效。其实，学会理解他人并不困难，只要你愿意站在对方的角度和立场看问题。

创新箴言：学会理解他人并不困难，只要你愿意站在对方的角度和立场看问题。

三是从工作上信任。校长坚定地相信广大教师，肯定他们的工作，教师才会产生安全感，心情舒畅，从而最大限度地发挥工作积极性。

学校有一位来自外地的教师，他刚到学校时，对新的生活、工作很不适应，情绪波动较大。有时在课堂上遇到偶发事件，处理的方式不太恰当，导致学生提出换教师的要求。对教学满腔热情的他得不到学生的喜欢，这令他产生了很深的挫败感。但我非常欣赏这位教师，认为他有很大的发展空间。人非圣贤，孰能无过？于是，我与学生沟通，请大家以宽容的气度，再给他一些时间和机会，让他与大家一起成长。最后，学生接纳了这位教师，并且相处得很好。

教师大致可以分为三种：新手型教师、成熟型教师和专家型教师。我尤其着重帮助新手型教师。

出于教学工作的需要，学校每年都会招聘不少新教师。这些新教师中，刚毕业的大学生居多，他们刚接触教育事业，教学经验不足，管理方法缺乏。当面对学生的问题时，他们有时候不能进行有效的引导，而是尽力控制，以致教育效果越来越差，他们的自信心也随之下降甚至消失。面对这些情况，校长应及时发现并给予帮助。

记得有一位校长说过，帮助新教师走向成功是所有校长的一项重要责任，因为每个新教师都意味着在他们职业生涯过程中上百万美元的潜在投资。每个新教师都应该得到校长所能提供的最好的培养和训练。对此，我深以为然。与新教师初步接触，我会想办法与他们建立起良好的人际关系。开学前先和他们见面，对他们表示欢迎之意，并在接下来的工作中保持一周一次的见面交谈。然后，为他们安排指导教师，以老带新，帮助他们尽快适应工作；同时，安排他们参加新教师培训，加强专业能力提升。

有一位教生物的新教师，能力较强，年级组长安排她辅导一些学生参加全国中学生生物学联赛。她一开始不敢挑这个担子，认为自己是一个新教师，没有备赛经验，不知道如何辅导学生。后来，我了解到情况，就找她谈话："我通过了解学校生物教师的情况，发现你的功底是最好的。你的起点高，很有发展的潜力。""校长，您那么关注我啊？"她显然很惊讶。"是啊，学校想把辅导学生参加竞赛的任务交给你，我相信你能做出好的成绩！""校长，您那么信任我吗？您不担心我会失败吗？""我不怕你失败，你要把握好这个机会，要敢于尝试。"后来她就把这个任务接下来了，最终不负众望，辅导的学生在全国中学生生物学联赛（广东赛区）中获得了一等奖。

学校要开设一个英语角，学科组把任务交给一位新教师。她觉得自己年轻且没经验，就不敢接受这个任务。我鼓励她勇敢接下这个任务，说如果成功，功劳是她的；如果失败，责任是我的。她最终接下了这个担子，果然不出意料，她设计出很完美的活动方案，把英语角搞得有声有色。

每个人都渴望得到别人的肯定和信任，对教师而言，校长的赏识是一个极大的推动力。当教师获得校长的赏识时，就会激发出巨大的潜能，努力去完成任务。所以，对每一位教师，不管是新教师还是老教师，我都对他们的工作给予最大的信任。在我眼里，不存在资历深浅的问题，只要有能力，就应给予他们发展的机会，激发他们最大的潜能。

二、尊重

先讲一个关于尊重的故事。有一次纪晓岚游览五台山，走进一座寺庙，方丈上下一打量，见他衣着朴素，仪态也一般，便招呼一声："坐。"又叫一声："茶。"寒暄几句后，方丈知道他是京城来的客人，赶忙站起来，面带笑容，把他领进内厅，忙着招呼说："请坐。"又吩咐道："泡茶。"经过详谈，当得知来者是有名的学者、诗文大家、礼部尚书纪晓岚时，方丈立即恭恭敬敬地站起来，满脸赔笑，请进禅房，连声招呼："请上坐。"又大声吆喝："泡好茶。"并且拿出纸和笔，请纪晓岚留下墨宝。纪晓岚提笔，一挥而就，是一副对联：坐，请坐，请上坐；茶，泡茶，泡好茶。方丈看了非常尴尬。

尊重别人必须具备高尚的情操和磊落的胸怀。当你诚挚地关心对方时，对方就会感到温暖、愉悦，在精神上得到充实和满足，而你也会获得和谐的人际关系，并获得最终的成功。我明白，作为校长，应尽可能地尊重每一个教职工，绝不能盛气凌人、唯我独尊，把自己凌驾于团队之上，摆校长架子。校长与教师，只是分工不同，绝无高低之分。因此，校长应该尊重下属的人格和感情，不能伤害他们的自尊心。我与教师相处，每当遇到冲突或需要处理涉及教师的矛盾时，都会顾及他们的尊严。

另外，对于教职工的个人选择或需要，只要是合理的，校长就应该给予支持，不要动辄以学校利益为借口，轻视和压制他们的选择和追求。

有一位梁老师，很想调到某重点中学，但怕我不同意。来找我时，他很紧张，一边讲话一边手在发抖。对于想“跳槽”的教师，很多领导会强硬留住，认为培养一个优秀教师所下的资本不少，不能便宜了其他学校。但我不是这么想，人往高处走，水往低处流，这是规律。人一旦有了更好的发展机会，自然想要及时抓住。面对眼前这位非常紧张的教师，我并没有指责他，而是和颜悦色地说：“不要紧张，调到重点中学是好事。你是我们学校的骨干，人才难得，虽然很想留住你，但是如果更有利于你发展，我会支持你。”对于我的爽快答应，梁老师既感到出乎意料，又非常激动，连声道谢。

还有一位邓老师，文笔很好，被市民政局看中。我答应让他调走，同时向民政局局长建议：“如果您想要邓老师，请考虑给他安排一个更好的岗位，至少部门主任之类的，不然我就不放他走。”邓老师知道后很感动，说：“张校长，以后学校有什么需要，我一定会全力支持。”

我们来分析一下，如果我没有尊重这两位教师的发展选择，而是强硬地不同意他们调走，结果可能是他们人没有走，但心已经失去，再没有工作热情了；反之，尊重他们的选择，尽管他们人走了，但心留在了学校。

“敬人者，人恒敬之。”你给予我尊重，我亦真心地尊重你；反之，你不尊重我，我又何必尊重你？即使你是校长又如何？所以说，领导在下属面前不能摆架子，只有真诚的尊重，才能赢得他们真心的尊敬和支持。

创新箴言：“敬人者，人恒敬之。”你给予我尊重，我亦真心地尊重你；反之，你不尊重我，我又何必尊重你？

俗话说："你敬我一尺，我敬你一丈。"在管理学上，这称为"互惠关系定律"。你对我友善，我也对你友善；你对我不友好，我也不可能友好地对待你。

三、宽容

宽容贵在一个"容"字，也就是能容人。古人云："人非圣贤，孰能无过?"当别人做了对不起你的事情时，只要不违背原则，就应该给予宽恕。善于待人处事的人，往往能以宽容态度化解矛盾，赢得更多的人缘。

2002年，廉江市第五中学的校长职位空缺，经过公平的民意测验和严格的组织考察后，最终我被任命为校长。而此时有人诬告我贪污。对此，我并没有急于反驳，而是积极配合检察院检查。检察院经多次调查后，确认我无任何违法乱纪行为。有人建议我追究诬告者的责任，我说："我不计较这些诬告我的人，清者自清，我相信他也是被一时的心理不平衡冲昏了头脑，投票结果是公平的。无论诬告者是谁，我只希望他能和我一起把学校建设得越来越好!"没想到，不久之后诬告者竟主动向我承认错误，对自己的行为表示忏悔，说道："是你的宽容改变了我的人生，谢谢你！以后我要向你学习，做一个心胸宽广，能够以德报怨的人!"

面对诬告，要不要介怀？我想起一个小故事。相传古代有位老禅师，一天晚上在禅院里散步，突然看见墙角边有一张椅子，他一看便知有人违反寺规越墙出去了。老禅师也不声张，走到墙边，移开椅子，就地而蹲。一会儿，果真有一个小和尚翻过墙头，黑暗中踩着老禅师的背跳进了院子。当他双脚着地时，才发觉刚才踩的不是椅子，而是自己的师父。小和尚顿时惊慌失措，张口结舌，但出乎意料的是，老禅师并没有厉声责备小和尚，只是以平静的语调说："夜深天凉，快去多穿一件衣服。"

这是一种难得的宽容。在这种宽容的无声的教育中，徒弟不是被他的错误惩罚了，而是被教育了。古人云："攻人之恶勿太严，要思其堪受。"

对于别人所犯的过错，如果揪住不放，超过了他所能承受的界限，就会“物极必反”，而自己也失了度量。面对君子，我们也理应当君子；面对小人，我们更应该当君子。如果对于小人的陷害耿耿于怀，一心想着报复，那么自己也会变成一个小人。作为一名校长，要有一种顾全大局、不计自我名利得失的容人雅量，能引导对手最终认同并感谢自己，这是一种更高的管理水平，也更彰显出校长的智慧。

创新箴言：作为一名校长，要有一种顾全大局、不计自我名利得失的容人雅量，能引导对手最终认同并感谢自己，这是一种更高的管理水平，也更彰显出校长的智慧。

另外，宽容还有一个重要的点，就是沟通。通过沟通，了解犯错的原因，再去判断是否值得宽容。当教师因为某些事情产生不满情绪时，校长要及时开导，注重沟通，不应该一味地用权威去压制他们的不满情绪。很多问题都是由误解引起的，谈话是解决问题的重要方式之一。

学校有一个“刺头”教师，他认为校长有很多工作做得不合理，对校长很不满，多次向上级告状，当时的校长对这位教师感到很无奈。我接任校长后，多次找那位教师谈话，并认真倾听他的诉说。通过沟通，我了解到问题的症结是那位教师觉得学校奖金分配不合理，自己工作很认真，却从未被评上先进。我首先肯定他对学校工作的关心，然后帮他仔细分析情况，耐心开导他。通过几次沟通，那位教师再也不闹情绪了。

在管理过程中，免不了会遇到几个喜欢与领导唱反调的“刺头”教师，对于这些“刺头”教师，校长必须要清楚地意识到，每一个“刺头”教师的“刺”不尽相同。有些“刺头”教师针对学校的弊端进言，只是方法不对；而有些“刺头”教师不务正业，挑战学校制度、领导权威。两种截然不同的“刺头”，需要以不同的态度和方法来应对。

第一种教师，他们性情耿直，敢于直言，喜欢一条路走到底，不懂得变通，让大多数领导觉得难以驾驭，只能用权威来压制，效果却不尽如人意。对于这种教师，应该以宽容为主，再辅以引导，肯定他们关心学校的心，引导他们用正确、温和的方法来为学校出谋划策。

第二种教师，他们是为了自己的利益，为了建立自己的个人圈子，挑头滋事，与领导对抗，阻止合理制度的实施，甚至导致正常工作难以开展。对于这种品行不好的“刺头”，越早拔除越好，绝对不能迁就。宽容不等于纵容。

当今社会竞争激烈，教师工作压力大，心理健康水平下降，偶尔出现“刺头”行为，可能是“心存疙瘩”，此时，校长就要主动去关心，及时去开导，化解他们的不满情绪。另外，如果发现一些平时表现良好的教师出现不当的言行，校长就要格外留心，及时去了解沟通，给予他们最大的宽容。

在工作中，免不了会发生让你不愉快的事情，碰到一些令你难堪的“刺头”，如果事事计较，与对方斗得你死我活，那么，久而久之，你的心胸会变得狭隘。校长只有宽以待人，教师才会有安全感，学校才能营造出比较宽松、民主的氛围。所以，请记住一句话：宽以待人、善待对手是一种开阔的胸襟，更是一种为人处世的智慧。

创新箴言：宽以待人、善待对手是一种开阔的胸襟，更是一种为人处世的智慧。

在教育管理中，我明白管理就是让人信服你。我常说：“对师生，要尊重，要宽容，要激励。”我决定创新管理，提出了“三道”管理思想。什么是“三道”？就是生道、孝道、师道。

通过“三道”管理思想，我们可以得到两个信息：第一，我在教育管理上，特别人性化，也特别注重情感，不管大事小事，都以人为本；第二，我特别注重学校的管理创新，而不像一般学校只关注学生的考试分数。

现代管理理论认为，管理以人为中心，把提高人的素质，处理人际关系，满足人的需求，调动人的积极性、主动性和创造性放在首位，强调尊重个人的价值和能力。通过激励、鼓励，调动师生的积极性、主动性和创造性，以实现人力资源的优化及合理配置。如果总是追求分数，则容易让学生的学习变得功利化，这是教育的失败。

在践行“三道”管理思想的过程中，我提出了三个关键词：尊重、平等、公正。我认为尊重、平等、公正是让人信服你的最重要的品质。有人做过调查，学生最不喜欢的十种教师分别是体罚学生、向家长告状、布置作业过多、处事不公、歧视学困生、不守规矩、不遵守诺言、教学无术、言行不雅、过于严肃的教师。对于一个成功的管理者来说，尊重、平等、公正是创新特质。在我们的传统文化中，这叫作“爱人者，人恒爱之；敬人者，人恒敬之”。

我想通过几个小故事给大家解释一下，为什么尊重、平等、公正是为人的关键。

我们先看一个注重细节的故事。有一次美国总统林肯外出，路边有一个身穿破衣烂衫的老乞丐向他行鞠躬礼。林肯一丝不苟地脱帽对其回礼。随员对总统的举止表示不解。林肯说：“即使是一个乞丐，我也不愿意他认为我是一个不懂礼貌的人。”

尊重他人，往往体现在不经意间的细节中，而平等待人往往体现为发自内心的对他人人格的尊重。一次世界著名的文学家萧伯纳到苏联访问，在街头遇见一位聪明伶俐的小姑娘，就和她一起玩耍。离别时，他对小姑娘说：“回去告诉你妈妈，今天和你玩的是世界著名的萧伯纳。”怎料那位小姑娘竟学着萧伯纳的语气说：“回去告诉你妈妈，今天和你玩的是苏联小姑娘卡嘉。”这件事给萧伯纳很大的震动，他感慨地说：“一个人无论有多大的成就，他在人格上和任何人都是平等的。”

我们再来看一个小故事，名字叫《8个金币的故事》。约克和汤姆结伴旅游。经过很长时间的徒步，到了中午的时候，两人准备吃午餐。约克带了3块饼，汤姆带了5块饼。这时，有一个饥饿的路人恰巧经过，两人便邀请他一起吃饭。约克、汤姆和路人将8块饼全部吃完。路人为了感谢他们的午餐，给了他们8个金币。约克和汤姆为这8个金币的分配展开了争执。汤姆说：“我带了5块饼，理应我得5个金币，你得3个金币。”约克不同意：“既然我们在一起吃这8块饼，理应平分这8个金币。”约克坚持认为每人各得4个金币。

为此，约克找到公正的夏普里。夏普里说：“孩子，汤姆给你3个金币，因为你们是朋友，你应该接受它；如果你要公正的话，那么我告诉你，公正的分法是，你应当得到1个金币，而你的朋友汤姆应当得到7个金币。”约克不理解。

夏普里说：“是这样的，你们3人吃了8块饼，你吃了其中的1/3，即8/3块，路人吃了你带的饼中的3－8/3＝1/3；汤姆也吃了8/3，路人吃了他带的饼中的5－8/3＝7/3。这样，路人所吃的8/3块饼中，有你的1/3块，汤姆的7/3块。路人所吃的饼中，属于汤姆的饼的数量是属于你的饼的数量的7倍。因此，对于这8个金币，公平的分法是，你得1个金币，汤姆得7个金币。你看有没有道理?”

我们看到，夏普里所提出的对金币的“公平的”分法，遵循的原则是所得与自己的贡献相等。这就是夏普里值的意思。

通过这些故事我们知道，只有尊重、平等、公正，才能获得别人的信任。然而，很多校长不明白这个道理，在得意的时候喜欢摆架子，高高在上，不把下属放在眼里，更不懂尊重下属、平等待人、公正处事。

策略二 关爱、赞美、沟通

校长除了要与教师打好交道外，还要与学生打好交道。要成为一名优秀校长，必须得到学生的爱戴。如何才能获得学生的爱戴呢？在这里，同样向大家介绍三招：关爱、赞美、沟通。

一、关爱

很多人可能认为在与学生交往中提出关爱学生这一观点显得假大空、没新意，因为几乎每一个教育者都会这样说。但是，事实上很少有人能够做得到。教育者只有真正做到关爱学生，并让学生感受到来自教师的发自肺腑的爱，他们才会获得学生的爱戴和尊敬。学生“亲其师”，才能“信其道”。关爱学生，就是让学生亲师信道的妙招。

苏霍姆林斯基说：“教师要像对待荷叶上的露珠一样，小心翼翼地保护学生幼小的心灵。晶莹透亮的露珠是美丽可爱的，却又是十分脆弱的，一不小心露珠滚落，就会破碎，不复存在。”中小学生的心理往往是脆弱的，他们的心灵是敏感的，教师要用真心去对待，不可轻易伤害学生。

学生对教师会有潜在的敬慕之情，对于教师的关心和呵护，会产生亲近之情和感动之心；相反，对于教师的轻视和讽刺，则会产生抗拒和排斥的心理。所以说，教师的言行对学生的影响是很大的。

我在读小学三年级的时候，班主任有一种本领，专门医治中风歪嘴的病，经常有人来找他医治。很多时候他正上着课，一有人来找，课就不上了，匆匆忙忙出去给人医治。他很喜欢喝酒，整天喝得脸红红的。有一天下午，几个学生编了一首打油诗来调侃他，大意是，专门医治嘴中风，喜欢喝酒脸红红，光顾治病不上课。他听到了风声，匆匆跑过来，那几个同学怕受到责罚，就一溜烟地跑了，而我比较老实，认为自己没有参与他们的活动，没有必要躲开，所以即使看到老师很生气地跑过来，也没有跑开。气愤的老师一把抓住我的手臂，举起手就想打下来，巴掌最终没有打下来，但是说了一句让我至今不能释怀的话："我敢肯定，你这个小孩永远没有出息!"当时我很委屈，就争辩道："老师，不是我骂您的，骂您的几个同学都跑了。"但他不相信，认为我在说谎，推卸责任，就大发脾气骂了我一通，很伤我的自尊心。那时我虽然成绩不是特别出色，但是认真学习，平常很喜欢练字。但自从被班主任骂了之后，心里就留下了很大的阴影，导致我不想练字，也没劲读书了。那位老师的话让我产生了严重的自卑感，对学习失去了兴趣，学习成绩从此直线下降。那位老师对我的负面影响非常大，我经常想，如果老师没有责骂我，或许我就不会对学习产生抗拒心理了。

每次回想起这段经历，我依然难以释怀。我认为，教师的言行对学生的影响是巨大的。俗话说得好："良言一句三冬暖，恶语伤人六月寒。"学生的心很敏感，教师对学生的一句言语伤害，可能会给他们带来一辈子难以抹去的阴影。在日常教学中，我们经常会听到这样的声音："这么简单的问题都不会，你简直笨死了!""这么简单的事情都做不好，脑袋里装的都是草吗?"……这些训斥的话或许是教师一时冲动随口说出，事后就忘了，但被责骂的学生不会忘记。在教师看来这些无关紧要的话，极有可能给学生造成精神上的压力和心理障碍，导致学生失去自信，进而影响到性格和个性的形成，甚至还有可能发生不顾后果的过激行为。这绝对不是危言耸听，这类事件发生得不少，这反映了教师不恰当的言行给学生造成的负面影响是多么严重。

在心理学上，这叫心理暗示。这种心理暗示是逐步渗透的，间接而含蓄地对被暗示者产生影响。心理暗示在教育中可分为积极的心理暗示和消极的心理暗示。

如果教育者经常对学生说“你真努力”“你真积极”“你可以做到的”之类的积极性语句，会让学生认为“我是有能力做到的”“我是行的”。这就是积极的心理暗示。

而消极的心理暗示如上所述，就是贴标签式的辱骂学生。学生不能理解一些知识，不会做一些事情，并不一定就是愚笨，只是当时可能反应不过来而已，如果教育者没有及时给予学生帮助，反而给学生贴上一些“笨”“没出息”之类的标签，这种消极的心理暗示极有可能会让学生“破罐子破摔”，甚至会葬送学生的未来。

每个学生都是有潜力的，教师不应过早地断定一个学生的将来如何，更不应该用言语辱骂学生，伤害学生的自尊。自从事教育工作以来，我在学生面前一直都谨言慎行，避免无意中伤害学生。在教育学生时，我从不会靠所谓的“威严”来压制学生，更不会摆校长的架子。同时，为了学生的健康成长，我一直倡导，教师要有为人师表的风范和责任，做到以学生为本，尊重学生，多一些关爱，少一些摩擦，多一些鼓励，少一些责骂，尤其要能控制好自己的情绪，冷静地对待学生的突发事件，以德育手段处理问题，尽量避免脱口而出一些刺伤学生心灵的语言。以心育心，以爱育爱，只有对学生投入真诚的爱，才能赢得学生诚挚的爱。

我经常会感叹，关爱的力量是神奇的，教师的关爱可以感化学生，教师对学生的爱，胜过千次万次的说教。作为教育者，只有具备一颗关爱学生的心，有深厚的爱生之情，才会时刻将学生放在心上，想学生之所想，学生也才会向教师敞开自己的心扉，接受教师的关爱，接受教师的教育。

创新箴言：关爱的力量是神奇的，教师的关爱可以感化学生，教师对学生的爱，胜过千次万次的说教。

二、赞美

心理学专家研究，赞美能对人的心理产生积极的作用，它可以直接刺激人的大脑皮层，并进一步强化和巩固人心理发展过程中带有方向性的先进思想和行为，从而起到增强其信心、激发其向上的作用。

一个小故事很能说明这个道理。一个小女孩因为长得又矮又胖而被老师排除在合唱团之外。小女孩躲在公园里伤心地流泪。她想："为什么我不能去唱歌呢？难道我真的唱得很难听吗？"想着想着，小女孩就低声唱起来，她唱了一支又一支歌。"唱得真好听！"这时，一个声音响起来，"谢谢你！小姑娘，你让我度过了一个愉快的下午。"说话的是一个满头白发的老人，他说完后站起来独自走了。听到夸奖，小女孩很开心。从此以后，她经常去公园唱歌给那个老人听。许多年过去了，小女孩长得美丽窈窕，而且是小城有名的歌星。她忘不了公园里听她唱歌的那个老人。一个冬天的下午，她特意到公园里去找老人，但她失望了，那里只有一张小小的孤独的靠椅。后来她才知道，老人早已去世了。"他是个聋子。"一个知情人告诉她。她惊呆了：那个经常屏声静气听她唱歌并热情赞美她的老人竟是个聋子！事情就是这样奇妙，一次不经意的赞美改变了小女孩一生的命运。

我们还可以看一个发生在英国的真实故事。有位孤独的老人，无儿无女，又体弱多病。于是，他决定搬到养老院去。当老人宣布出售他漂亮的住宅时，不少购买者闻讯蜂拥而至。住宅底价 8 万英镑，但人们很快就将它炒到了 10 万英镑。价钱还在不断攀升。老人深陷在沙发里，满脸忧郁，是的，要不是自己身体状况不佳，他是不会卖掉这栋陪他度过大半生的住宅的。这时，一个衣着朴素的青年来到老人面前，弯下腰，低声说："先生，我很想买这栋住宅，但是我只有 1 万英镑。如果您把住宅卖给我，我保证会让您依旧生活在这里，和我一起喝茶、读报、散步，天天都快快乐乐的。相信我，我会用整颗心来照顾您！”最后，老人颔首微笑，把住宅以1万英镑的价钱卖给了他。

不管是谁，只要你真诚地关心他，并与他沟通交流，事情就容易协调，冲突就容易避免。有一位教师的家属性格孤僻，对别人都非常不客气，但唯独对我尊敬有加，无论走到哪里，都对人说我是一个好校长。我是如何“降服”她的呢？

第一，在讲话、做事前抓住她的闪光点，赞美她。与人交往的最大秘诀是给予对方真诚的赞美与鼓励。有这样一个非常有趣的故事：妻子请丈夫帮忙列出她需要改进的六件事，以便让她成为更好的妻子。对于这样一个请求，丈夫感到非常吃惊。其实，丈夫很容易就可以找到希望妻子改掉的六个毛病，但是，他没有那么做。他告诉她：“让我想想，明天上午回答你。”第二天早上，丈夫起得很早，给花店打电话让他们送给妻子一束红玫瑰，并附上一张便签：“我想不出我希望你改进的六件事。我爱的就是这样的你！”那天晚上，丈夫回到家时，妻子早已热泪盈眶地在门口迎接他了。她走向他说：“这是我听到的最贴心周到的回答。”就在那时，丈夫意识到赞美的力量是如此巨大。赞美别人往往成就自己。

创新箴言：与人交往的最大秘诀是给予对方真诚的赞美与鼓励。

第二，在讲话、做事时常常考虑她的感受。性格孤僻的人往往有些共同特点，如气量狭小、斤斤计较、吃不得亏，即使吃亏了也会想方设法弥补“损失”，不能容忍他人的批评，不能受到一点委屈和无意的伤害，否则便耿耿于怀；在人际交往上，交友面窄，容不下那些与自己有分歧或比自己强的人。对于心胸比较狭窄的人，你不能粗心大意，而要在讲话、做事时更细心地考虑他们的感受。我准确地抓住她这些性格特点后，更加理解、关心和帮助她，这样很多人际关系上的冲突就可以避免了。

第三，真诚地关心、尊重她。如果她讲一些偏激的话，我不会“以牙还牙”，而是尊重她的想法。霍华德·瑟斯顿是公认的魔术大师，40年间，他环游世界，创造了一个又一个奇迹，令无数观众为之着迷、叹服。超过6000万人观看过他的演出，他获利200万美元。人们不禁会问他成功的秘诀是什么。其实，这和他的教育背景没有一点关系，他很小就离家出走了，过着流浪的生活，躲在货车车厢里，睡在干草堆里，挨家挨户地乞讨。他是通过从货车车厢里看铁路沿线的标志牌才学会了认字。

那么，他懂得高深的魔术知识吗？不，关于魔术的书有成百上千本，很多人知道的可能比他还多。但是，他有两样是别人不具备的。首先，在舞台上，他有能力展现自己的个性。他是一位表演大师，同时，他懂得人性。他在表演时所做的一切，每一个动作、每一个手势、每一个声调，甚至每抬一下眉毛，都是事先精心排练过的，他的动作精确到以秒来计时。更为重要的是，瑟斯顿对观众怀有巨大的热情。很多魔术师在面对观众时对自己说：“这儿有一群傻瓜、一群乡巴佬，我会把他们都戏弄了。”然而，瑟斯顿的办法完全不同。他每次上台时都提醒自己：“我很感激这些人来看我表演，他们是我的衣食父母，我要尽可能把我最精彩的本领奉献给他们。”每当他踏上舞台之前，他都会反复地对自己说：“我爱我的观众，我爱我的观众。”真诚、厚道为你赢得好人缘的同时，也会帮助你走向成功。

行为专家认为，赞扬是认知行为的催化剂，它能促使大脑皮层兴奋起来，调动人体各系统的积极性，从而激发人的潜能。在教育中，教师一句激励的话语、一句温馨的表扬，往往会带来意想不到的收获。尤其是对于问题学生和学困生，一句轻声的赞美，可能会带来意外之喜。总之，教师的赞美能增强学生的自信，可以强化学生对成功的情绪体验，进而激发学习动力。

大家应该都听过这么一句话："说你行，你就行，不行也行；说你不行，你就不行，行也不行。"它出自管理学上著名的"皮格马利翁效应"，这是由美国著名心理学家罗森塔尔和雅各布森在小学教学上予以验证并提出的，亦称"罗森塔尔效应"或"期待效应"。对学生而言，不管是学优生还是学困生，都渴望得到教师的赞美。受教师喜爱或关注的学生，一段时间内学习成绩或其他方面都有很大进步，而受教师漠视甚至歧视的学生就有可能从此一蹶不振。

我注重营造一种处处是赞美、处处是鼓励的校园文化氛围。我常说："每个人每天说三句赞美的话，鼓励一个人，那么整个校园就会变得更美好。如果你骂别人，别人不高兴，你也不高兴；如果你赞美别人，别人高兴，你自己也高兴，这就达到了一种双赢的效果。每天说三句赞美的话，三天后你的心情就很不一样，就会变得很阳光。"当时我班里有一个家境贫寒的女孩，她很不自信，情绪消沉，因基础差跟不上大家的学习节奏而自暴自弃，甚至萌发了要辍学打工的念头。我知道后，主动找她谈话，请她在一张白纸上写下自己的10个优点，充分赞美她，让她重拾信心。同时，我也让她每天说三句赞美的话，鼓励一个人。不久之后，大家都看到了她的巨大变化——由一个情绪消沉的学困生变成了一个内心强大、充满力量的学优生，和大家相处融洽，最终如愿考上了大学。

在我看来，学困生更应该得到教师的关爱。作为一名教育者，言行举止都应该谨慎，千万不能随意打击批评学困生，要给予他们应有的尊重，不要对他们有歧视和轻视的看法。当学优生与学困生发生矛盾时，一定要问清缘由再下定论，不要有差别对待，因为学困生的自尊心会更强，如果教师没有公平对待，就会产生很严重的后果。

我经常想，转化一个学困生，其成就不亚于培养一个学优生。对于学困生，不能把他们定位成"坏学生"。对于这样的学生，我采取的办法是攻心为上，耐心开导、转化，以情感人，以理服人，尽量挖掘他们身上的闪光点，赞美他们、鼓励他们，用赏识来开启他们的心门。

创新箴言：攻心为上，耐心开导、转化，以情感人，以理服人。

人类本性中最深刻的渴求就是赞美。赞美，不仅激励了学生，也拉近了师生之间的情感距离。教师只有做到尊重学生、信任学生，才能真正实现师生的情感交融，促进学生的全面发展。所以，我把校风定位为“孝亲尊师、赞美鼓励”，希望全校形成处处是赞美、处处是鼓励的良好风气，让学生在和谐的氛围中学习和生活。

三、沟通

有人说，沟通是管理艺术的精髓，是管理中最重要的部分。与人进行沟通，一方面能了解其状态，另一方面能让其感受到管理者对他的友好和重视。

对教师、学生而言，校长的身份是什么？校长与教师、学生沟通时要“屈尊”吗？校长应该用什么样的态度与教师、学生沟通？居高临下，摆着校长的架子谈话，还是放下身段，以平等的姿态沟通？我认为，聪明的校长一定会选择后者。

一名教师是“告状大户”，不管是大事还是小事都要向上级告状。我多次找他谈心，设身处地地了解其所思所想，推己及人，进行有效沟通。他向我倾吐了自己内心的不快，经我开导，意识到自己的狭隘，性情有了很大的转变，学会站在他人的角度上思考问题，理解他人，同时把精力投入教学中，最后成为一名学生喜爱、领导欣赏的优秀教师。

高质量的沟通应该建立在平等的基础上。关于平等的沟通，管理学中有一个著名的效应——沟通的位差效应。这是美国加利福尼亚州立大学对企业内部沟通进行研究后得出的重要成果。他们发现，来自领导层的信息只有20%～25%被下属知道并正确理解，而从下到上反馈的信息则不超过10%。平行交流的效率则可达到90%以上。平行交流的效率之所以如此之高，是因为平行交流是一种以平等为基础的交流。没有人喜欢别人居高临下地与自己对话，只有处于同一个位置才能得到有效的沟通，这就是沟通的位差效应给我们的启示：平等交流是有效沟通的保证。

创新箴言：来自领导层的信息只有20%～25%被下属知道并正确理解，而从下到上反馈的信息则不超过10%，平行交流的效率则可达到90%以上。

在校长与学生的沟通上，这个效应同样适用。校长在与学生进行沟通时，如果无法以平等的身份对待学生，所进行的沟通就不会有什么效果。尤其是与一些问题学生交流时，如果校长无法放下身段，拉近与学生的距离，击破学生的心理防线，那么，沟通不但不能达到预期效果，还会使学生产生抵触情绪。

与学生沟通时，校长不妨放下自己的架子，以朋友的身份靠近学生的心，使自己与学生在心理上处于平等的地位，缩短彼此的心理距离，并消除学生的戒心。这样，才能创设一种和谐融洽的沟通气氛，在这种氛围里的沟通才能取得良好的效果。

我处事的原则是“事前沟通，充分交流”。沟通是人与人之间、个人与群体之间思想与感情的传递和反馈的过程，以求思想达成一致、感情通畅。在人际交往中，作为一校之长，少不了与上级领导之间的沟通。那么，与上级领导沟通最有效的方式是什么呢？我认为是散步。

我们都知道散步可以放松身心，有益健康。如果你在领导空闲的时候，约他一起散步，这是一件很愉快的事情。在相对轻松的氛围里，既可以锻炼身体，又可以联络感情。这时，即使是很艰难的问题，也可以向他们提出来。此外，去办公室向领导汇报工作也不失为一个好办法，但是领导的时间有限，有很多事情等着他处理，他没有太多时间与你交流。于是，事先设置好话题，约好散步的时间和地方，就显得非常重要。

与领导沟通时，不能啰嗦，必须用最精练的语言表述清楚，并用最充分的理由说服他，因为领导没有时间听你的长篇大论。在人际交往中，3分钟内把话说完是非常重要的。

有些人唠唠叨叨，说话时间太长，往往会令人生厌，原因之一是说话缺乏逻辑，没有归纳重点，让人搞不懂他到底在说什么。

当我们的职位越来越高，社交范围越来越广，公开说话的机会也就越来越多，如向上级报告、与其他部门联系、与同事商量、指示下属，或说明自己的提案等。然而，很多人在这些场合说话时，听者不知道他到底要说什么，因而感到厌烦。招至听者厌烦的另一个原因是说话者没有考虑听者的心情。有研究表明，听别人说话消耗的能量，比自己说话消耗的能量要多3倍以上。一般人对一件事的持续注意力时间较短，说话时间太长的人往往因为不了解这一点而不受听者欢迎。所以，当你说话时，必须特别注意内容不要像老太婆的裹脚布（又臭又长），而应该像迷你裙（越短越好）。

创新箴言：当你说话时，必须特别注意内容不要像老太婆的裹脚布（又臭又长），而应该像迷你裙（越短越好）。

有调查显示，方便面加入沸水后，若必须等待3分钟以上才可食用，则会让人不耐烦而销路不佳；拳击赛一个回合必须在3分钟内，否则观众不买账。可见，最初的3分钟显得非常重要。在3分钟内把话说完，我们的目的不在话说得简短，而是在于高效地沟通，以及把自己想说的话传达给对方，让对方接受。

如需要解决工作上的难题，就应事先考虑好如何提出、如何建议，这样就可以做到有的放矢、高效解决。我善于抓住与领导散步的机会，一方面及时向领导汇报工作，以让领导了解情况；另一方面向领导说出自己的想法，以获得领导的支持。

为什么我与领导的沟通大都有效呢？第一，事先有约，领导有空，我马上过去找他；如果没有空，再另约时间。第二，当领导很烦恼，刚刚发完脾气时，我不会去找他，因为没有人在心情不好时会做出痛快的决定。

简而言之，就是尊重。约翰·杜威说，人性中最内在的冲动是受尊重的愿望。尊重是我成功处理人际关系的秘密武器。有位任教高三语文的教师考上了公务员，在紧张的高考前夕，他要“走马上任”了。我虽然很舍不得自己培养多年的教学骨干离开学校，但还是尊重他的选择，同意他“远走高飞”，并希望他做出更大的成绩。那位教师原本非常担心我不肯放他走，会进行各种阻挠，想不到我不但不使绊子，还“扶一把，送一程”，对此非常感激。

在人际交往上，人不应吝啬尊重。德国哲学家叔本华说，“要尊重每一个人，不论他是何等卑微与可笑。要记得：活在每个人身上的，是和你我相同的性灵。”

策略三　谦逊、主动、交心

作为一名优秀的校长，不仅要与教师、学生打好交道，同样也要与外界人士打好交道。他们来自不同的领域、不同的岗位，脾气、性格也各不相同，如果想找出一种放之四海而皆准的交往秘诀，这是不现实的。我们只能针对不同的人、不同的情况进行具有针对性的交往。这样，才能打开与外界人士交往的局面，获得社会的支持。关于校长与外界人士的交往，我总结出来三招：谦逊、主动、交心。

一、谦逊

谦逊，是为人处世的一条基本原则，也是一种难能可贵的品德。一个谦逊的人在人际交往中往往是人缘很好的人。相信大家对同学聚会并不陌生，当我们从学校毕业工作多年后，彼此之间的身份地位都不一样了。一些不懂得谦逊的人，在社会上混出点成绩，就在身份地位比自己低的同学面前趾高气扬，这种人未来的发展必然不会长远。

创新箴言：谦逊，是为人处世的一条基本原则，也是一种难能可贵的品德。一个谦逊的人在人际交往中往往是人缘很好的人。

在人际交往中，人格因素至关重要，具有不良人格特征的人或人格有缺陷的人容易让人产生不愉快的感受，从而影响人际交往。上面所述的那种不懂谦逊、看不起他人的性格就是不良人格。千万不要看不起身份地位比自己低的人，以为即使与他们交恶也不要紧。要知道，“小人物”也会有大作用，而且，你能保证自己永远不会潦倒，不会求助于那些你所认为的“小人物”吗？

在同一届同学中，我算是比较有成绩的人了，在业界较有影响。而我始终抱着谦逊的姿态，低调而不张扬，一如既往地与大家打成一片。其实，不管与什么人交往，谦逊总是对的。因为待人谦逊，我赢得了不少好口碑，这为我更上一层楼打下了扎实的基础。

二、主动

不管待人还是处事，主动出击总比被动接受来得好。与外界进行交流时，如果自己事先没有主动去了解外界信息，那么，在交往中就会处于被动地位，也就难以进行有效的沟通了。

人们在人际交往中往往存在一种倾向，即面对自己较为亲近的对象，会更加乐于接触。这里提到的“对象”，俗称“自己人”。所谓“自己人”，大体上是指那些与自己存在着某些共同之处的人。这种人，除了是有血缘、姻缘关系的“自己人”，还有相同志向、兴趣、爱好的“自己人”。在其他条件大体相同的情况下，“自己人”之间的交往效果一般会更为明显，相互之间的影响通常也会更大。所以，为了使自己获得对方的正面评价，有必要在交往过程中积极创造条件，努力发现双方的共同点，从而使双方都处于“自己人”的情境中。

在这里对“自己人”这个含义做一个诠释，是想告诉大家，在与外界交往中要懂得主动出击，主动去了解交往对象的信息、资料。所谓“知己知彼，百战不殆”，只有对对方足够了解，你才能发现自己与对方的共同之处，进而创造条件，与对方成为“自己人”，长此以往，与对方的交往就事半功倍了。

记得在筹建廉江市第一中学时，因为建设资金不够，为了集资，我决定向一些企业家筹款。在筹款之前，我详细了解了本市所有的企业家，最后把目标锁定在一位企业家的身上。这是一位信奉佛教文化的企业家，所以，在与他开始洽谈时，我给他讲了一个佛教故事。

从前有一个书生，和心爱的女孩约好一年后结婚。但是一年后，未婚妻嫁给了别人。书生受此打击，一病不起。这时，一位路过的游方僧人从怀里掏出一面镜子给书生看。书生看到，茫茫大海边，一名遇害女子一丝不挂地躺在海滩上。第一个人路过，看了一眼，摇摇头，走了。第二个人路过，将自己身上的衣服脱下，给女尸盖上，也走了。第三个人路过，挖了个坑，小心翼翼地把女子的尸体掩埋了。僧人解释道：“海滩上的那具女尸就是你未婚妻的前世，你是第二个过路人，曾给过她一件衣服，她今生和你谈恋爱，只为还你一段情。但是她最终要报答一生一世的人，是最后那个把她掩埋的人，那人就是她现在的丈夫。”书生大悟，从此精神振作，再也不怨天尤人了。

讲完这个故事，我对那位企业家说：“任何事情的发生，都有其必然的原因，有因才有果。种善因，得善果。如果您肯支持我们的教育事业，将来您的福报是无穷的。”这位企业家本来就是信奉佛教的人，对因果轮回的事情很相信，于是很爽快地答应捐献500万元。这样一来，我很顺利地解决了学校建设资金的难题，并且结交了一位豪爽的朋友。

事先做好准备，掌握主动权，这是与外界交往的重要策略。要想求人办事，就必须事先了解对方的情况。只有针对不同对象，采取不同的处事方式，办起事来才能成功有望。

创新箴言：只有针对不同对象，采取不同的处事方式，办起事来才能成功有望。

三、交心

商品交换的一般规律是等价交换，而人际交往的规律是心灵的交流。在人际交往中有这样一条黄金原则：“你想别人怎么对待你，那你就怎么去对待别人。”以心交心，你用真心与别人交往，别人自然也会报以真心。

我是一个很注重和手下工作伙伴交心的人。工作之余，我很关心属下的日常生活，有空经常和大家一起聊天、谈心、打篮球，甚至到河里抓鱼摸虾，请大家吃饭。这样一来，大家不仅把我当成一位好上司，还把我当成好朋友。大家经常开玩笑说：“在路上有困难，找交警；而我们有困难，找校长！”

交心的前提是真诚。宋代周敦颐说：“诚，五常之本，百行之源也。”

以诚相待是人与人之间交往的基础。只有真诚，才能相处；只有真心，才能相知。

创新箴言：以诚相待是人与人之间交往的基础。只有真诚，才能相处；只有真心，才能相知。

以心交心，以诚相待适用于知己好友的相处之道。我很喜欢结交一些志同道合的朋友，有相同的志趣，说得通俗一点就是“合得来”。这在人际交往中符合一条心理学规律——一致性吸引。一致性吸引是指，人与人在交往时，由于一系列现实属性方面存在着双方共同意识到的共同点，因而发生相互吸引的现象。心理学家认为，如果交往双方或多或少有某种一致性，并都能意识到这一点，则容易相互吸引，产生亲密感。所以，交朋友就应该结交一些与你合得来的朋友，这样相处起来才会觉得更加融洽。

策略四　高调做事，低调做人

中国传统文化对人的要求，一方面是在做事上保持高调，另一方面是在做人上保持低调。于是，“高调做事，低调做人”成了人际交往中应该恪守的准则。“高调做事”是指做事要有高标准、高目标、高要求、高姿态和高志向。只有在这些“高”的引领下，人们才能从内心深处产生向上攀登的欲望和积极进取的动力，才能提高社会竞争能力，创造出令人佩服的优异成绩，从而使自己在社会上卓尔不群、出类拔萃。这是一个人有效提升自己人生价值的必由之路。“低调做人”是指在做人方面必须检点的一种内敛行为、必须摆正的一种稳重姿态、必须按捺的一种谦逊言辞、必须平抑的一种处世风格。只有在这些“低”的基础上，人们才能保持心理平衡，营造和谐的人际氛围，给自己留下进与退的余地，并借此创造有助于自身发展的社会环境和成功平台。

在处理人际关系上，最关键的是低调做人。做人不能太高调，否则就会有人针对你，正所谓“棒打出头鸟”。受传统文化影响的我，很不喜欢出风头、逞强，也少与人争论得面红耳赤。我明白赢得争论的唯一方法就是避免争论。在人际交往中，你永远无法赢得争论。因为如果你失败了，自然是输家；即使你赢得了，还是输家。为什么呢？假定你在争论中赢了对方，把对方的意见批驳得体无完肤，那又怎么样呢？你会很高兴，可是对方如何呢？你使他感到羞辱，甚至伤害了他的尊严。所以，与人争论，虽然赢得了道理，但是输掉了风度。

关于低调做人，有一副十分有趣的对联，真是一语中的。上联：做杂事兼杂学当杂家杂七杂八尤有趣；下联：先爬行后爬坡再爬山爬来爬去终登顶；横批：低调做人。低调是隐藏自己的能力，不显示出来，保持一种谦虚谨慎的态度，不张扬。然而，低调的前提是你要有能力，要有足够的内涵。

创新箴言：低调是隐藏自己的能力，不显示出来，保持一种谦虚谨慎的态度，不张扬。然而，低调的前提是你要有能力，要有足够的内涵。

2008 年，廉江市第一中学建成后，有些学校表现出了不满的情绪。优美的校园、科学的管理、迅猛的发展势头、社会的逐渐认可，以及方方面面取得的成绩，使廉江市第一中学的排名不断提升，从某种程度上来说，这使个别学校的利益受到了损害。面对这位“小弟”的突飞猛进，一些“老大”好像猝不及防，于是不时找机会“使绊子”。

面对这种情形，我并没有惊慌，而是客观冷静地分析了学校的优势与劣势。我认为学校的优势有三个：一是拥有优美的环境、先进的设备；二是师资队伍年轻，他们有活力、有精力做事；三是学校没有很重的债务包袱，可以放开手脚发展教育。从这个角度来看是优势，然而，从另一个角度来看这又是劣势：第一，作为新学校，意味着零基础，没有历史文化的积淀，也没有成功的经验，比起其他学校，做事的难度就大了很多；第二，学校大部分是年轻教师，教学经验不足，备考经验欠缺，在教师专业成长上需要花不少的工夫。

在教职工大会上，我说："我们学校是一个刚刚学会走路的孩子，很多方面都要探索，大家要对外谦卑低调，对内修炼苦功，并且必须出成绩。以优秀的成绩赢得社会的认可，这才是关键。"

为此我是怎么做的呢？主要是做到四个"低调"：一是在姿态上低调，二是在心态上低调，三是在行为上低调，四是在言辞上低调。即使学校发展迅速，成绩卓越，受到领导的肯定，得到社会的认可，我也一直保持谦虚、低调的态度，踏踏实实做自己的事，不因外界的好恶而改变，也不因一时的成就而懈怠。正是由于这种气度，最后我赢得了同行的认可和赞赏。

我在人际关系上有不少创新。第一，把对手变成朋友，再变成支持者。有一名教师喜欢在背后说我的坏话，知道他要调到另一所学校后，我不但没有故意阻挠他，反而在临走前扶他一把，送他一程。后来，这名原先到处讲我坏话的教师变成了到处帮我说好话的人。第二，把相逆的变成相容或相向的。与领导的意见不统一，我会通过散步的方式，用最简练的语言进行表述，用最充足的理由进行说服，以获得领导最大的理解、支持与肯定。第三，把恶性竞争转变成良性帮助。面对同行的排挤，我在认清形势、分析优势与劣势后，以对外谦卑低调、对内修炼苦功的低姿态向他们学习，寻求最大的认可，最终达成一致为教育做贡献的意见。

善于处理协调周围的人际关系，学会待人的智慧，这是每位优秀校长都必须掌握的技能。

第二章

理念创新：特立不独行

当人们都习惯于原有的思维方式和行为方式时，他们会发自内心地排斥改变和创新。我在最初进行理念创新时，就遇到过这样的问题。那么我是如何坚持自己的理念，如何去赢得家人、领导和同事的支持的呢？我从一名普通教师到一名优秀校长，办学理念由不成熟到成熟，由模仿到创新，形成新的理论和思想观点，经历了怎样的心路历程呢？

说到理念创新，不由得让人想起一个成语典故——标新立异。东晋时期有一个和尚，名叫支道林，潜心研究佛经，深谙佛经义理。他机智聪明，悟性很高，能领会深奥的哲学道理，而且饱读诗书，通晓诸子百家之言。每次讲经时，他的分析都能别出心裁、独树一帜，为其他僧侣所不及。因此，他很受当时名士王濛等人的赏识，也得到社会上一些名士的认可。

有一次，支道林在白马寺中与一些名士聊天。当他们谈到《庄子·逍遥游》时，支道林先是坐在一边凝神静听别人的言论，自己却一言不发。后来，他听见众人所谈的都是出自郭象和向秀的注解，毫无新意，就说出了自己的见解和体会。支道林对《庄子·逍遥游》的注释大大地超出了郭象和向秀的解释，也树立了一种新的见解。大家一听到支道林对《庄子·逍遥游》的解释之后，都感到很惊异，可细细地深入思考后，又惊叹他的注解非常有道理，甚至超出了许多著名学者的见识。后来人们就借用支道林的看法来解释《逍遥游》了。标新立异的意思是提出新奇的主张，表示与一般不同。

古人云："不谋万世者，不足谋一时；不谋全局者，不足谋一域。"也就是说，要做好一件事情，就得考虑到方方面面；要想做好某个方面，就得从全局出发。作为一校之长，在理念创新上，既要立足现实，从全局出发，又要着眼于未来，谋长远之计，有不同于一般的见识，能提出一些标新立异的主张。

创新箴言：作为一校之长，在理念创新上，既要立足现实，从全局出发，又要着眼于未来，谋长远之计，有不同于一般的见识，能提出一些标新立异的主张。

我们大都习惯性地等问题发生后，再想办法解决。其实，我们要对事情的发展有一种前瞻意识，未雨绸缪地对事情进行分析，让事态朝着有利的方向发展。这样既可以做出一些新意，又可以避免很多问题发生。

我认为，一名校长要做到理念创新，就要在生活中有一个平静的环境来培养创新意识，就要在团队中有一种团结一致的力量来支持理念，就要在平台上有一个发展的机会来提升办学理念。

策略一　不一样的生活

对于熟悉我的人来说，他们很疑惑：不抽烟、少喝酒、不打牌的生活到底有什么意义？但对于我来说，这样的生活很有意义，我可以心无旁骛地思考自己的教育事业。

一、“两面三刀”

在生活中，我每天都有三个“一小时”的习惯。

第一，阅读一小时。我有早起的习惯，每天早晨 5 点多就自然地醒来了。早上 6 点，洗刷完毕，就开始“阅读一小时”。首先，在平板电脑上浏览新闻，关注国内外的大事等。多年以来，浏览新闻已经成了我的一个习惯，如果有哪一天不看新闻，我就会觉得很不舒服。接着，我会查阅一些有关教育、管理方面的书籍或资料。最后，我会看一会儿书，研读几篇教育方面的文章。一到 7 点，我就开始投入到新的一天的工作中去。

第二，跑步一小时。当我忙完一天的工作后，已经是深夜。在夜深人静的时候，我喜欢去跑步，放松一下身心。有时在马路上跑，有时在室内跑，跑得满头大汗，就感到特别畅快。做完运动后，我就去测量一下自己一天消耗了多少能量，以保持每天有足够的运动量。

第三，写作一小时。运动完之后，我的思维会变得特别活跃，也更富有激情。洗完澡后，我便马上投入写作。我写的内容一般是学校的工作方案或会议材料，有时也写教研或管理方面的论文。很多时候，方案与材料都是连夜赶出来的。不管多晚，我都会在前一个晚上把方案与材料写好，这样以便于第二天的工作跟进。

每天三个“一小时”基本上占了我生活中的大部分时间。一些人花在抽烟、喝酒、打牌等娱乐活动上的时间比较多，然而，对我来说，阅读、运动、写作更让我觉得充实。

二、“不伦不类”

在日常生活中，我对衣食住行不太讲究，生活方式简单，这与别人相比，就显得“不伦不类”了。要想把这些鲜为人知的故事与大家一一分享，就要从我的母亲对我的影响说起。

我读小学的时候，有一天从同学那里借来一本小说——杨沫的《青春之歌》。这是我读的第一本长篇小说，至今记忆犹新。当时，我一读到这本小说，马上就入迷了。小说主要写的是小资产阶级知识分子林道静，从不屈服于当男人的“玩物”与“花瓶”的命运而做出对家庭和社会的反抗，到投入时代洪流，再到走上革命道路，并成为无产阶级革命者的曲折历程。作者选取了“九·一八事变”到“一二·九运动”这一特定历史时期我国学生革命运动的历史风貌和形形色色的知识分子的精神风貌作为背景，反映了知识分子只有把个人前途同国家民族的命运、人民的革命事业结合在一起，投入到时代的洪流中去，在改造客观世界的同时不断改造自己的主观世界，才有真正的前途和出路，也才有真正值得歌颂的美丽的青春。我深深地被小说的主人公吸引住了，与无产阶级的革命精神产生了共鸣。那晚，我看着看着，竟忘记了时间。

我的母亲半夜起来，看了看墙上的挂钟，已是凌晨两三点了，就走到我身旁，怜惜地说：“这么晚了，你还在看书，能不能白天看呀？看一个晚上要用多少煤油啊!”她这么说，我很理解。当时农村还没有电灯，家家户户用的都是煤油灯。我的母亲看到煤油灯还亮着，就要求我白天再看书。她虽然没有什么文化，却是一个非常节俭的人，认为在生活中应崇尚节俭。

（一）衣：要穿出名牌来，而不是让名牌由我们来穿

在穿着方面，我的母亲常对我说：“新三年，旧三年，缝缝补补又三年。”无论春夏秋冬，她都是穿那几件缝了又补的衣服，很质朴，也很干净。这让我在穿着上也养成了一种习惯——不太讲究。

记得有一位领导曾对我说：“你是廉江市第一中学的校长，代表着学校的形象，穿着要讲究一些。头发乱了，你要经常梳一梳；鞋子脏了，你要经常擦一擦啊!”我说这是由我的习惯决定的，一直都改不了。衣服只要合身、实用、穿得舒服就好；至于我的皮鞋经常沾满了泥土和灰尘，那是因为在筹建学校的时候，我每天都要跑工地，有时甚至整天待在工地里。

我认为，男性的魅力来自事业，而不是来自外表。如果事业有成，就有底气，不靠衣装，也很有范儿。有事业心的男性，不必过于注重穿着打扮，只要穿得自然、大方、得体就行。至于名牌，我更相信——要穿出名牌来，而不是让名牌由我们来穿。

（二）食：“谁知盘中餐，粒粒皆辛苦”

在饮食方面，我也不太讲究，甜酸苦辣都能吃，且不会浪费。相信种过田的人都会经历过“春种一粒粟，秋收万颗子”那种漫长的生命等待，尤其是那些经历过挨饿日子的人们，他们在餐桌上就更能体会到“谁知盘中餐，粒粒皆辛苦”的含义了。我的母亲在平时吃饭的时候，不仅不浪费一粒米饭，而且不浪费一点菜汁。由于受母亲的影响，我从小就养成了一种习惯——不大吃大喝，也不随便浪费。

有一次，我去学生食堂调研，发现浪费粮食的问题很严重。有的学生觉得饭菜不好吃，吃了几口就全部倒掉了；有的学生吃完了，却不收拾好剩菜剩饭；有的学生到处乱扔饭菜。看到这种情况，我感到很痛心。为了杜绝浪费，我在全校提出了“光盘行动”。

为了做好“光盘行动”的宣传工作，我决定以身作则，到食堂与学生共同就餐。每天一到吃饭的时间，我就去食堂与学生一起吃饭。我一边吃饭，一边了解学生用餐、生活、学习等情况。每一次，我都把饭菜吃得精光，吃完后还把餐桌收拾得干干净净。一开始，学生对我的做法感到很惊讶，但后来随着教师们的加入，大家就习以为常，并也慢慢加入其中。在我的影响下，浪费粮食的现象有了根本性的改善。对于每一名师生来说，节约不仅是一种良好的习惯，也是人生的宝贵财富。

（三）住：“斯是陋室，惟吾德馨”

正如刘禹锡所说：“山不在高，有仙则名；水不在深，有龙则灵。斯是陋室，惟吾德馨。”在居住方面，我喜欢家里有点文化的氛围，有点书香的气息。我的家虽然简单、朴素，但是布置得比较雅致，书香气息很浓。每次出差，我都喜欢买一些书法图书。我住的地方挂着十几幅名家的书法作品，用来欣赏，增加文墨的气息。

我很喜欢书法。读小学的时候，我看到一位同学有一本书法字帖，很喜欢，就向他借来练习。同学说：“我可以借给你，不过你只能借一个晚上，第二天就要还给我。”我很珍惜这个机会，拿着毛笔，蘸着水，照着字帖上的字，在一块比较平整的木板上不断地练习，一直练到天亮。

我很喜欢参加一些书法活动。书法是中国特有的一种传统艺术，它按照汉字的特点及含义，以其书体笔法、结构和章法来书写，使之成为富有美感的艺术作品。我经常与一些书法大师交流，欣赏他们“一挥而就”的豁达与洒脱，感觉有一种说不出的快感。

（四）行：给教师最大的福利，就是送他们参加培训

在行走方面，我喜欢“行学”。除了参加湛江市名校长培训、广东省骨干教师培训等外，只要对成长与进步有帮助的培训，我都积极参加，并且努力达成学习目标。2013年12月下旬，文学大师余秋雨来湛江市做讲座，我认为这是一个很难得的机会，坐了两个多小时的车，前去听余秋雨的讲座。听完讲座后，我买了两本余秋雨的书，进行深度阅读。还有一次，我参加一个由国学大师在广州举行的解读中华传统文化的培训活动。这个培训活动是全封闭式的，10人住一间宿舍，天天吃斋。上课时间为早上8点到12点，下午2点半到5点，为期一周。经过集中学习，我对中华传统文化有了更加深刻的认识。

很多人都不太愿意参加培训，总把这当作一件苦差事。相反，我非常乐意参加培训。这可能令很多人费解。我经常说：“给教师最大的福利，就是千方百计地送他们参加培训，让他们多交流学习。只有在不断地交流学习中，才能知道自己的不足之处，不断地发展与完善自己。”

创新箴言：给教师最大的福利，就是千方百计地送他们参加培训，让他们多交流学习。只有在不断地交流学习中，才能知道自己的不足之处，不断地发展与完善自己。

策略二　不一样的支持

任何事业的成功，都少不了别人的支持。不断追求事业发展的人，如果没有家人的大力支持，就难免有后顾之忧；如果没有领导的积极支持，就可能寸步难行；如果没有同事的鼎力支持，就难以干出成绩来。怎样才

能得到家人的理解、赢得领导的信任、获得同事的信服呢?

一、获得家人的尊重、理解和支持

要想在工作中免去后顾之忧，大展拳脚，就要争取家人的尊重、理解和支持。

现在，廉江市第五中学已是名副其实的“第五”了，学生人数由原来的 2000 多人发展到 4000 多人，教学质量也不断提高。看到学校今天所取得的成绩，我很自豪。然而，组织部部长与我的一次谈话，打破了我既有的宁静。

2008 年夏天的一个晚上，组织部部长来找我谈话。他说市委、市政府要筹建一所高标准、高起点、高规格的学校，组织上希望由我负责筹建。组织部部长说：“我调查了市里所有的中学校长，认为只有你才能胜任这项工作，廉江市第五中学的建设就是证明。”我们一边散步，一边讨论，一直到深夜。用一年时间在荒山野岭中建设一所高质量学校，太难了。我没有立即答应，就跟组织部部长说：“请给我三天时间考虑。三天后，我给您一个明确的答复。”

如果留在廉江市第五中学，我可以享受清闲；如果去筹建一所新的学校，我将面临很多挑战。但是，这将是一个更上一层楼的机遇。机遇与挑战并存，困难与希望同在。我与妻子仔细分析了我将要面临的三种风险。

第一，面对陌生的行政程序，我可能被处分或被免职。筹建一所新的学校，如果不懂某些程序，就可能违规，因此被处分或被免职。

第二，面对各方的阻挠，我可能会遭受攻击。要筹建一所新的学校，将涉及征地、迁坟等问题，要跟群众打交道，可能会损害到他们的利益。他们不理解我们办教育是千秋万业的善举，可能会阻挠我。

第三，面对繁重的工作，我的身体可能会累垮。筹建一所新的学校，是一项巨大的工程，方方面面都要考虑，每一件事情都要做好，我可能会疲劳过度、身心憔悴、大伤筋骨。

妻子一边听，一边不停地流眼泪。我说："这三种风险可能都有，你要做好思想准备。我一去筹建学校，每天早出晚归，整天在工地上，很少有时间回家，你要理解。"妻子很为我担心，但还是鼓励我说："我尊重你的意见，你想去，我支持你！"这一刻，家人的尊重、理解和支持给了我莫大的信心，让我下决心接受筹建新校的挑战。

在这三种风险中，我还真遇到了第二种。

学校建设涉及征地问题。学校所征用的土地上有200多座坟墓，说服群众迁坟可不是一件容易的事情。为了让村民支持学校建设，我常常到村民家去访问。经过多次沟通，学校建设赢得了绝大部分村民的理解与支持，但还是有一小部分人找上门来，有的甚至对我恶语相向。对于不同意迁坟的群众，我是以怎样的方式跟他们打交道的呢？

迁坟工作进行了有一段时间了，然而仍然有几个"钉子户"怎么也不接受校方的条件。我考虑到开工时间紧迫，工程施工不能耽误，面对阻挠的"钉子户"，只好采取强硬措施——择个时日，打上标签，把剩下的坟墓全都迁了出去。这下子，那几个"钉子户"就来闹事了，他们组织了一批人把我家团团围住，诅咒、吵闹，甚是喧嚣。我的妻子受了惊吓，给我打来电话。我立即把情况报告给市长，市长指示我要妥善处理，尽量耐心地做好安抚与说服工作。市委书记在了解情况后，十分重视，马上派公安干警前往我家，协助我处理事情。

我找到那些闹事的村民，放下"狠话"："你们要是敢动手，后果自负！如果想解决问题，就派代表与我们谈判！"他们见我态度强硬，就不敢再闹事，派出代表与校方谈判，最后和平解决了问题。如果遇到蛮不讲理的人，我们必须敢于亮出底牌，镇住对方。

在担任校长的时候，我跟妻子有一个"约法三章"的秘密。到底是什么秘密呢？

我跟妻子说："我担任校长，你必须要做到三点：一是你不能干预学校的事务，包括人事问题；二是你不能在我的手下任行政职务；三是你不能约束我的时间安排，比如，什么时候回家，回不回家吃饭。不过，请你放心，我会对自己负责，也会对你负责。"

虽然与妻子"约法三章"，但还是发生了一次"任职风波"。学校刚刚成立图书馆，需要一个馆长。图书馆民主投票，推荐我的妻子担任馆长。我对大家说："你们推荐别人，我同意，但是推荐她，我不同意。请大家重新推荐人选。"妻子知道后不服气，对我说："由我担任图书馆馆长，是投票产生的结果。"我说："投票只有小范围的人知道，其他人不知道、不清楚，人家有理由怀疑你的职务是由于我的影响而获得的。"在我的劝说下，妻子也慢慢地理解了我的苦衷。

有些家属喜欢"垂帘听政"，但在我这里是绝对行不通的。我要求家人不能干预学校事务，以免影响我做出正确的决策。作为领导，要管好身边的人，如家人、司机、秘书、助理等，否则，就不利于工作的开展。

我的妻子在这方面做得比较好，不该问的，她不问；不该管的，她不管。正因为有妻子的理解，我才能在工作中免去后顾之忧。妻子是我最坚强的后盾。

一名校长要想把教育事业做好，就要与家人充分沟通，把客观的事实与将要面临的困境都说清楚，让其做好思想准备，然后大家共同承担与面对。很庆幸，我的妻子一直都非常尊重、理解和支持我，让我一心投入教育事业中。

二、赢得领导的信任、安心与放手

筹建新校，发展教育事业，需要领导的支持。如果领导不支持，工作就无法顺利开展。面对各级领导，我是怎样赢得他们的支持的呢？

无论是筹建公办学校，还是筹建民办学校，领导的点将、谈话、签字等，都体现出他们对我极大的信任与期望。我能得到上级领导的如此认可，其实是一件很不容易的事情。领导对下属，固然应该十分放心，却又经常放不下心。作为下属，要让领导放心已经不容易了，要让他们安心就更加困难了。在这一点上，我做得还是比较到位的。

第一，确保把自己分内的工作做好。对于每一件事，我都用心把它做好，将所有的心思花在自己应该做的事情上。这样，我就具有“确保成果”的决心和信心了，而领导也能够放心，领导把一颗悬置的心放下来，自然就安心了。

第二，适时向领导汇报工作的进度和预期的结果。领导希望下属有什么思路、想法，多向他们汇报。很多时候，领导顾虑到自己的面子，不方便问。当下属的就要适时主动地向领导汇报，如工作进行得如何、遇到什么困难、问题是否已经解决等。这样，领导就会感受到你对他们的尊重，他们就会很乐意支持你。因为领导随时能够了解事情进展的状态，所以他们也会感到安心。

第三，顾虑领导的立场和面子。领导要统筹全局，考虑事情的方方面面。作为下属，不应只站在自己的角度考虑事情，而应该站在领导的立场，想领导所想，领导自然会支持你的工作，这是其一。其二就是一定要维护领导的面子，不管领导和你的关系如何，在外人面前，一定要尊敬领导，顾及他的面子。这样，他们才会放心地让你施展才华。

一般做到了这三点，领导都会持有一种“你办事，我放心”的态度，对于你的意见或建议，也会乐于采纳。在维持和增进与领导的关系中，下属还应做好三方面工作。

第一，用平常心看待功劳，不邀功、抢功。领导是不太喜欢时刻不忘邀功、抢功的下属的。我用心做事，确保成果，在功劳面前，反而不那么积极，这样的下属，既能干又不抢功，领导会感到特别欣慰、高兴，自然地就更加信任我，更加容易接纳我的建议。

第二，谦卑谨慎，不骄傲自满。不管是筹建公办学校，还是筹建民办学校，当我取得一些成绩的时候，我不仅没有得意忘形、骄傲自大，反而更加谦卑、低调。这让我更加得到领导的认可与肯定。

第三，对未来有所担当，不能只顾眼前。一般人为了应对眼前的问题，已经忙得焦头烂额，根本无暇向领导提出有关未来的预测和计划。然而，领导更加关心的是未来，未来甚至比现在更重要。因此，作为下属，必须要未雨绸缪，对未来的发展有所担当。

廉江市某学校是市引进的第一所民办学校，创办之初，困难重重，比如，学校征用土地、招聘教师、招收新生等。我是怎样说服领导大力支持民办教育的呢？

说到创建民办学校，还要从我参加的一次校长培训说起。

2012 年下半年，我到北京大学参加教育家型校长培训。在这个培训班里，有来自全国各地的知名校长，这是一个非常难得的学习机会。通过交流，我发现廉江市的教育无论是在数量还是在质量上，都与发达地区相差甚远，这让我非常焦虑。同时，我了解到民办教育充满了生机与活力，又看到了希望。作为一名教育工作者，我的使命就是创新性地发展教育，培养创新型人才。当时，廉江市的教育发展正处于瓶颈期，要想有所突破，就要借力发展，引进灵活的教育机制、先进的教育理念和优质的教育资源。

不少同行认为廉江市的民办教育的发展空间非常大，对此产生了极大的兴趣。我极力向大家推介廉江市的教育，热情地邀请有实力的教育集团来办学。

一从北京大学参加完培训回来，我就向市委书记汇报引进民资创办学校的想法。我们从中午 12 点一直谈到下午 3 点，我特别强调，引进民资办一所名校对发展廉江市的教育很有意义，对提升廉江市的教育品位与档次，加快推进“文化大市”和“教育强市”建设等，都有积极而深远的影响。廉江市的公办教育承受着巨大的压力，如学位紧张、体制僵化、教学资源落后等，如果引进民资办一所名校，政府不用投资，就可以提供优质学位，将大大缓解大班额的问题。市委书记听完后，同意在党委会上提出讨论建设民办中学事宜。之后，我又去找市长、教育局局长，同样赢得了他们的支持。

经过综合分析，我认为湖北某教育集团提出的合作条件是最优惠的。于是，我邀请该教育集团董事长前来廉江市考察。通过考察，董事长表示愿意到廉江市投资教育，条件之一是由我担任执行校长。当时我有些犹豫，经过再三考虑后，最终同意接受这个职务。

面对几番周折而最终达成的成果，在做出决定前，我为什么犹豫了呢?

说实话，这是一个很有挑战性的决定。当时，我亲手创建的廉江市第一中学，经过几年的努力，已处在蓬勃发展期，我对它有着难以割舍的感情。如今，这个决定意味着我要放弃既有的成绩，从零开始，重新出发。经过再三考虑，我最终还是接下了这个担子。

具体原因有四个：第一，董事长明确要求，只有我同意担任执行校长，他才同意在廉江市投资教育；第二，我考虑到公办学校受到许多条条框框的约束，自己的许多想法难以实现，难以尽情地发挥自己的才能，而民办学校机制比较灵活，可以给我更大的发展空间，这更有利于实现自己的教育理想；第三，无论在哪所学校当校长，最终的目的都是为了发展教育，培养人才，为社会做贡献；第四，廉江市第一中学经过几年的发展，已经打好了基础，不管谁来接任校长，只要按着这个轨道发展下去，它的未来不会差到哪里去。综合考虑到这几点后，我决定到新的地方去接受新的挑战。

有句话说：“只要出发，就能到达。”在筹建民办学校的过程中，市委、市政府领导给了学校很大的支持，主要体现在以下几方面。

第一，征得地理位置好的土地。学校在选址上，获得了政府的大力支持。学校位于三条主干大道的交汇处，向东通往广州市，向南通往湛江市，向西通往北海市，向北通向南宁市，地理位置优越，交通十分便利。在征地上，学校以远低于商用土地的价格征得建设用地，面积达 267 亩。这是政府对民办教育的大力支持。

第二，保留教师的公职。凡是这所学校需要抽调的教师，教师所在学校以及教师要服从；凡是从公办学校抽调来的教师，都保留公职。我是这样说服领导的："如果政府拿几个亿来建学校，又要给几百名教师发工资，这是很不容易的。如今，有人出资来为我们建设一所现代化学校，既解决了办学问题，又提供了优质学位，而我们只是发给教师一点工资，保留他们的公职，很合算。"在这一点上，我获得了领导们的同意。

第三，招收优秀的学生。根据《中华人民共和国民办教育促进法》，民办学校有自主招生权。2014 年 5 月 20 日，我带领大家组织全市最优秀的初三学生前来考试，原计划高一招收 108 人，结果招到 139 人。学生这么积极响应，令大家很意外。

有时候，为了工作的需要，我也不得不用一下"非常规"手段。有一次，有一份十分紧急的重要文件需要市委书记签字，我找了好几回都没有找到人，于是我就想了一个方法——拦车！市委书记的车一停，我就去开门，说："为了跟进工作，请您签字。"市委书记签完字，对我说："从来没有人这样找我签字，你是第一个！"

担任校长，图的是什么？我一不求当官，二不求发财，只想一心把工作做好。这是我敢于拦市委书记的车的底气。

创新箴言：一不求当官，二不求发财，只想一心把工作做好。

总的来说，我是比较幸运的，赢得了各级领导的支持，每当工作上出现难以解决的问题，我就会向他们请教，权衡利弊后再行动。

三、取得同事的信服、支持和配合

我从一名普通教师做起，经过团委书记、政教处主任、副校长以及校长等岗位的锻炼，一步一个脚印、踏踏实实地走过来，这主要得益于同事的信服、支持和配合。如何才能取得同事的信服、支持和配合？

经过深入思考，我决定为大家做点实事。那么，从哪里入手呢？

当时，廉江市每五中学有一块拖延了16年之久而未能解决的土地，我决定从这入手。1988年，学校以集资的方式购买了一块土地，用于建设教师公寓。然而，由于征地手续不齐，一拖就拖了16年，未获得用于建设公寓的合法文件。

我一上任，就积极向市委、市政府以及有关部门反映这个问题，并请求他们给予解决。市政府成立了一个小组，专门解决这个问题。几经努力，这个问题最后得到妥善解决。

大家都感到非常高兴，对我更加信服。接下来，我又为大家做了第二件实事——安装自来水。

学校的饮用水都是自打的井水，这给师生带来了很大的不便。一方面，井水的水质较差，长年饮用，会影响身体健康；另一方面，学校经常缺水，尤其是夏季。学生经常埋怨，教师则不得不从校外购买饮用水。饮水问题给学校的管理带来了巨大的压力与危机。我多次向各级领导反映学校的饮水问题，并想方设法筹集资金安装自来水。最后，学校终于用上了自来水，大家都很高兴。经过这两件事，大家就彻底地信服、支持我了。

一名校长，如果你上任了，不为学生想、不为教师想、不为学校想，那么不管你怎么讲，讲得多好，他们也不会支持你。你只有做实实在在的事情，帮助他们解决实际问题，他们才会信服你、支持你，真心诚意地配合你的工作。

如何办好学校？我特别强调，办学成功有四大要素：一是优质的生源；二是优秀的教师；三是科学的管理；四是优美的环境。

第一，优质的生源。学校教育要以生为本，招生就显得非常关键。如果没有优质的生源，要出很好的成绩，是很难的。我在招生的时候，首先宣传很到位，比如，介绍学校科学的管理制度、先进的教学设备、优秀的师资队伍等。我坚信只有做好这一点，学生才会信赖你，才来学校读书。其次服务工作也很到位。我要求教师以服务的态度，争取学生对学校的信任，以确保招到优质的生源。

第二，优秀的教师。教师是学校发展的核心动力，只有教师的能力过硬，学校才能出好的成绩。因此，在招聘教师时，我要求人事部门的老师严格把关，确保招到优秀的教师。对于那些没有能力的教师，即使他们千方百计想进来，也必须敢挡住；对于那些有能力但未决定前来的教师，就要有求贤若渴的态度，千方百计地去请他、感动他。

第三，科学的管理。学校要从管理中出质量，就要做到管理的精细化、高效化、科学化、系统化。只有这样，学校才能提高教学质量。经过多年的实践，我在精细化管理上，已形成了自己的一套理论，并且运用自如。

第四，优美的环境。从绿化环境到美化校园，再到净化心灵，一直以来，我都对校园环境严抓不歇，以确保学习环境优美，为学生学习提供保障。

策略三　不一样的理念

从一所边缘化学校到一所现代化学校，再到一所实验化学校，每一个阶段都充满了挑战。正如演员没有舞台则不能演戏、火车没有轨道则不能飞奔、飞机没有机场则不能起飞一样，没有学校，我也难以成长。在学校这个平台上，我的办学理念经历了一个怎样的发展过程呢？

一、边缘化学校："绿色教育"

廉江市石城中学是一所不被关注的边缘化学校。2002 年 7 月，在学校最为艰难的时期，我被任命为校长。这个校长当得还真不容易。为什么这样说呢？因为石城中学是一所城乡接合处的学校，当时正面临着教学设备设施差、生源差、师资差等严重问题。

具体来说，石城中学是一所镇属学校，位于郊区，面临着四大难题：一是教学管理混乱。教师间的关系不和谐，矛盾不断，人际关系非常紧张。二是教学质量低下。从高考的情况来看，学校一年能有一两个学生考上本科，就已经很不错了。学校的排名在全市垫底。三是生源差。由于教学质量低下，学校很难招到优质生源，调皮捣蛋的学生多，很难管理。四是校园环境差。学校绿化很少，到处都是垃圾，让人看起来很不舒服。

面对学校的种种问题，我下定决心进行整改。一方面，加大硬件设施建设力度，翻盖教学楼，使教学环境变得宽敞、舒适；另一方面，促进软件设施建设，如招聘优秀教师，充实师资队伍；加强学校的对外宣传工作，争取招到优质生源等。同时大搞"绿化行动"，实施"绿色工程"，提出"绿色教育"理念，实现学校的华丽转身。

为什么把"绿化行动"作为学校整改的一个切入点呢？我认为优美的校园环境是学生读书学习的基础条件。只有把校园环境搞好了，学生才喜欢来这里读书，教师才喜欢来这里教书。当时学校的情况是，师生的卫生意识差，教师在学校里养鸡，到处都有鸡粪；学生在学校里乱扔垃圾，垃圾满天飞，随处可见；教学管理差，教室陈旧，设备残破。要想提高学校的教学质量，就必须让校园环境换新貌。

经过分析研究，我创新性地提出了实施以"绿化行动"为载体、以

"绿色教育"为理念的"绿色工程"，致力于打造"绿色学校"。

在我的多次努力下，学校由镇属升格为市属，并改名为廉江市第五中学。挂牌那天，我带领全校师生身穿校服，高举环保横幅，在市区里游行了一圈。以环保为主题的游行活动在市里引起了积极反响，"廉江市第五中学"一下子成了众人皆知的名字。学校的名声打响后，我与廉江市环境保护局、公用事业局结成共建单位，高举环保大旗，加大投入，大力创建"绿色生态校园"，把学校建设成布局合理、设施规范、功能齐全、人文意识浓厚的创新型中学。

为了筹集经费，美化校园环境，我四处奔走，多次到省教育厅以及市教育局反映情况，同时向一些企业请求帮助。"功夫不负有心人"，省教育厅资助 270 万元，用于建设学校的教学楼和学生宿舍楼；香港一位企业家捐资 20 万元，用于改建学校食堂；一家水泥厂捐资 10 万元，用于建设学校广场；等等。在五年时间内，我共筹集了 400 多万元，建设了两幢教学楼、一幢学生宿舍楼，改建了学校食堂，并配置了大量的教学设备。在校园环境上，我进行了重新规划，带领全校师生种植花草树木，清理卫生死角；在规章制度上，禁止学生乱丢垃圾，引导学生改掉各种陋习、恶习，争当文明学生；在道德教育上，加大对"绿色教育"的宣传力度，组织大家不定期地学习"绿色环保"的内容与精神，增强大家的环保意识。

除此之外，学校还常常组织学生到校外捡垃圾，通过"弯下的是腰身，拾起的是文明"的捡垃圾活动，让学生找回渐渐失去的公德心，让他们明白乱扔垃圾的行为是可耻的，爱护环境才是一名青少年应该有的行为。

我一直相信，环境对人的影响是潜移默化的。人的心灵需要环境的净化，也需要时间的沉淀。在进行整改的初期，大家遇到了很多困难，但最后都一一克服了。一年后，以"绿色教育"为理念的"绿色工程"取得了可喜的成绩，校园的环境变得优美了，学校的风气变得和谐了，学生愿意来这里读书了，教师愿意来这里教书了，自然地教学质量也提高了。其实，学校走了一条符合自身实际的发展道路，即从绿化环境到美化校园，再到净化心灵，由外延到内涵不断提升的道路。

二、现代化学校："雅致教育"

正当我准备在廉江市第五中学大展拳脚的时候，上级让我筹建廉江市第一中学。对我而言，这既是一项挑战，也是一个机遇。

廉江市第一中学是按高起点、高标准、高规格的要求建设的现代化学校。多年的教育工作经验告诉我，如果学校没有特色文化，就不可能富有生命力。一所新办学校，既没有历史的底蕴，又没有文化的沉淀，如何办好它?

我从小就深受母亲的影响。她是一位典型的农家妇女——善良、勤劳、节俭，崇尚儒家文化。她喜欢给我们讲故事，故事常常强调古人怎么说、古人怎么做、古人怎么行，久而久之，我就觉得古人真的很伟大。后来，我读大学时进了中文系，对中国古代文学更感兴趣了。在思考以什么作为德育内涵时，我想到了名列世界十大历史名人之首的中国古代思想家、教育家——孔子。以孔子为代表的儒家思想，坚持"亲亲""尊尊"的立法原则，维护"礼治"，提倡"德治"，重视"仁治"。我想，何不以此为抓手，构建学校新文化?学校新文化简而言之就是"雅致教育"。

"雅致教育"是以人为本的教育，它倡导外表优雅、内涵博雅、谈吐文雅、举止典雅、气质高雅，致力于提高学生的综合素质，从而为学生的终身发展奠定基础。它的实施需要一个合适的载体。孔子作为"人伦之楷模，万世之师表"而被后人所尊崇，我决定建设"论语广场"作为"雅致教育"的载体。

创新箴言：“雅致教育”是以人为本的教育，它倡导外表优雅、内涵博雅、谈吐文雅、举止典雅、气质高雅，致力于提高学生的综合素质，从而为学生的终身发展奠定基础。

“论语广场”在2009年11月开始动工，于2010年1月竣工，历时两个多月。广场投资逾500万元，占地8800多平方米，由国内名家设计，是全省乃至全国首个以《论语》为主题的大型广场。广场中央矗立着一座4.2米高的孔子行教雕像，供全校师生敬仰；两侧共有10根柱子，前面2根为龙腾柱，双龙腾空而起，象征着廉江市第一中学的腾飞；后面8根柱子上分别雕刻着孔子的名言，集中体现了孔子“温、良、恭、俭、让”的核心思想和“仁、义、礼、智、信”的为人处世品格，并融入“忠、孝、诚、廉、德、和”的高尚品质。广场的右边是一条长廊，以图片的形式展示了中华民族五千年历史。广场四周鸟语花香，石阶错落有致。人们置身“论语广场”，观赏石柱飞龙图腾，体味儒家思想精髓，仿佛穿越时空与圣人面对面地谈话，静心聆听圣人的谆谆教诲……

建设“论语广场”，是为了打造一个“弘扬传统文化，传承国学经典”的育人载体，让学生在浓厚的德育氛围里明白“诵经、尊孔、学做人，知书、识礼、成大业”的道理，从而不断塑造高尚的人格。“论语广场”是中华传统文化与现代教育的结合体，它不仅是廉江市第一中学“雅致教育”的基地，也是全省重要的中小学德育基地。

三、实验化学校：“感恩教育”

引进民资，办一所在全市、全省乃至全国都有知名度的学校，这是一项很有挑战性的工作。

民办学校重在实验，重在创新。我结合自身多年的教育经验，以“感恩教育”作为学校的办学理念。为什么呢？这要从我的一次考察说起。

2013年下半年，我在去甘肃省兰州市考察学习时，途经黄河南岸滨河路的小西湖公园时，看到了一尊令人非常震撼的《黄河母亲》雕塑。我不仅被这尊雕塑的美丽所震撼，而且也被它象征的意义所征服。雕塑长6米，宽2.2米，高2.6米，总重40余吨，由一位母亲和一位男婴构成。母亲的秀发轻盈飘拂，神态非常慈祥，身躯颀长匀称，曲线优美，轻轻含笑，抬着头，微微地弯曲着右臂，仰卧在波涛之上。她的右侧依偎着一个男婴，头微微地向左边看，抬头憨笑，显得非常顽皮可爱。

《黄河母亲》雕塑构图洗练，寓意深刻。母亲象征了黄河，哺育了生生不息、不屈不挠的中华民族，而男婴象征了中华儿女，他在黄河母亲的哺育下，幸福快乐地茁壮成长。我看着这尊雕塑，脑海里立即涌现出一个词——感恩。面对几千年来生生不息的黄河，我们要心存感恩，感谢黄河母亲给了我们经久不衰的血脉；面对含辛茹苦哺育我们健康成长的父母，我们要心怀感恩，感谢他们给了我们血肉之躯；面对周围的人与事，我们也要常怀感恩之心……那一刻，我萌发了把“感恩教育”作为学校办学理念的想法，回来后立即组织研讨并积极付诸实施。

“感恩教育”的载体是“亲子像”，坐落在可容纳一万多人的“感恩广场”的左前方。它由一位母亲和一个小女孩构成。母亲坐在石凳上，柔顺的秀发轻盈地飘拂，颀长的身体匀称而挺立，长裙像水波一样荡漾，左手撑在石凳上，右手紧紧地搂住一个小女孩的腰，仁慈地望着背着书包的小女孩。小女孩则踮起脚尖，手里拿着一块手帕，急切地帮母亲擦拭脸颊上的汗水。在母亲和小女孩的下面，有一块正方形的大理石。在大理石的正面镌刻着大大的“感恩”二字，其他三面则刻有不同的名言警句。母亲象征父母、母校和祖国，而小女孩则象征子女、学生和中华儿女。整座雕塑构图和谐，含义深远。它有三层象征意义：第一层象征母亲，感恩母亲给了我们生命，让我们健康地成长；第二层象征母校，感恩母校给了我们知识、智慧与情感，让我们茁壮成长；第三层象征祖国，感恩祖国给了我们一个好时代，让我们幸福地成长。

社会在飞速发展，知识在不断更新，学校无法回避时代潮流。这就要求校长始终保持开拓创新的意识，清晰地理解学校的办学目标，努力构建学校的特色文化，在理念创新的引领下，不断寻求发展的突破口和有效途径。

第三章

学习创新：为前进加油

创新这个名词对于我们而言并不陌生，现在各行各业都在讲创新，创新已经成为当今时代的最强音。那么，什么是创新？为什么要创新？怎样去创新？这成了人们亟须了解的问题。作为一名校长，需不需要创新呢？创新能力又是否能通过学习得以提高呢？

创新是一个涵盖面十分广泛的概念，贯穿于社会发展的各个层面。古往今来，创新始终是社会进步的基本特征。人类社会通过知识的不断创新，带动了精神、智力上的创新，使人类逐步往更高的文明状态发展。

对于创新的理解，可谓仁者见仁，智者见智。但不管是怎样的定义或解释，都脱离了创新的明显特征：新。所谓推陈出新、万象更新、焕然一新，又或是新设计、新思路、新思想，无不突出一个“新”字。创新的成果必须是新的，是别人不曾有的，你的创新想法，如果是前所未有的，有价值、有意义的，就是最高层次的“新”。当然，这种“新”不是每个人都能创造出来的，大部分人是在前人基础上发现新的方法，或者把前人已有的想法或做法应用在不同的问题上，这也是一种创新。

换句话说，创新可以是“无中生有”，也可以是“有中生新”。“无中生有”是指首次创造，而“有中生新”则是在原有的基础上进行改进和变革。我提出的“雅致教育”就是属于“有中生新”的创新，是在传统文化的基础上提炼精髓，对旧文化有所突破、有所改进。

谈到创新，不可避免地要谈一下传统，关于传统与创新之间的关系有许多阐述，不外乎传统与创新是辩证统一的关系，传统是创新的基础，创新是传统的发展等。我非常赞同这些观点，传统与创新确实有着密不可分的联系，大多数的创新都是在传统的基础上进行改造的。对于传统文化，不能全盘否定。试想，如果只讲创新，忽视传统，事事都要重新来摸索，恐怕人类又要回到原始社会，重新学习东西，何谈今日之繁荣？但是，如果一味遵循传统，笃信祖宗之法不可变、经典之论不可违，没有创新改变，又何谈社会进步？只有创新性地继承与发扬传统，正确理解传统与创新的关系，灵活运用传统中的优秀部分，使传统符合时代要求，为创新所用，为我们所用，这样，才是对传统与创新关系的最好诠释。

从廉江市第五中学的“绿色教育”、办学转型到廉江市第一中学的

“雅致教育”、开拓进取，一路走来，不少人问过相同的问题：为什么要创新？在原有体制下好好管理学校不好吗？不怕在创新中遭遇失败吗？对于这些问题，我并没有说大道理，而是用行动来证明创新的意义。

我们常说“一分耕耘，一分收获”，但是创新很可能只有付出而没有收获，因为创新是在无既定模式的“荒途”上进行摸索，“摸着石头过河”，其本身就在“闯”、在“冒”，风险系数极高，操作不当的话，失败是在所难免的。然而，正是因为创新的不易，创新所带来的成功才会显得尤为珍贵。我常说，要想有所作为，就不要担心失败；害怕失败，就会失去一颗敢于尝试的心。如果连尝试创新的心都没有，一味因循守旧，那你的事业注定不会有长足的发展。

创新箴言：要想有所作为，就不要担心失败；害怕失败，就会失去一颗敢于尝试的心。

可能有人想，如果我有足够的勇气去尝试创新，也不害怕失败，却苦于没有创新的想法，该如何是好？或者说，即使我有很强的创新意识，却不具备优秀的创新能力，又该如何是好？下面将为你详细阐述。

策略一　掌握方法，坚持学习

人的创新能力并不是生来就有的，主要是通过后天的学习形成和发展的。在我看来，知识是实现创新的最基本的条件。试想，如果你脑中没有充足的知识储备，如何能有创新的想法出现？丰富的知识是创新的材料、基础和背景，所以，创新能力需要有系统而丰富的知识支撑，你所储备的知识越丰富，就越有利于创新。而要拥有这些知识，则需要学习。

创新与学习有着辩证统一的关系，学习是创新的基础，创新是学习的目的。学习对创新而言，是基础，是前提，是动力。在后天的学习中，把潜能和潜质挖掘和发挥出来，扩展深化，变成创新能力，这就是学习的目的。

在我看来，创新必须以扎实的知识基础为支撑，不存在离开知识的创新，而努力学习是人们掌握知识的必由之路。学习的过程是知识内化的过程，积累知识、培养能力、提高素质、增加智慧和才干，这些都是学习带来的。只有通过学习，吸纳前人的知识和智慧，融合自己的经验和理解，内化在心里，才能真正形成属于自己的能力。而有了这些知识和能力的铺垫，创新能力的形成自然就具备了条件。换言之，创新能力的锻炼、创新素质的培养，是在学习中进行的，是通过学习的方式实现的。

创新箴言：创新能力的锻炼、创新素质的培养，是在学习中进行的，是通过学习的方式实现的。

一、掌握方法

我们经常说，漫无目的、毫无方法的学习是没有成效的学习。学习创新，不是一股脑儿地去学，而是要有所取舍，用明确的方法和正确的途径去学。为了取得良好的学习效果，我主要做了以下几点。

（一）坚持读书

读书是获取知识、学习创新必不可少的一条途径。在前面提过，我有一个每天阅读一小时的习惯，这个习惯带给我的，是知识和信息的充实和更新。坚持读书是学习创新并且保证自己不落后于时代的最基本途径。许多名人在追溯其成功经历时，都强调了读书的重要性。

创新箴言：坚持读书是学习创新并且保证自己不落后于时代的最基本途径。

尼克松在《领袖们》一书中总结领袖的特点时说："我所认识的伟大领袖几乎都有一个共同特点，即博览群书。读书不仅开阔思想，鞭策自我，而且能使大脑活动，得到锻炼。"他认为，学习是未来的领导人一辈子都必须持续不断地致力去做的事情。对于尼克松的观点，我深以为然，也一直通过坚持读书来践行这一观点。

我认为读书必须"三有"，即有笔记本、有活动记录或自学记录、有心得体会。好记性不如烂笔头，在学习过程中，做笔记是一个必不可少的步骤，在阅读书籍时，需要把书籍里有用的内容摘抄下来。这个习惯我从学生时代一直保留到现在。丰富素材的累积，使我不管是写作还是做报告，都能信手拈来。

读书不是平时翻一翻书就可以的，还需要付诸实践。我经常组织全校教职工一起学习，开展读书活动。我要求大家用心学习，认真实践，不能走过场，更不能摆形式。我作为带头人，更是以身作则，以自身读书的行为影响他人。在我的带动下，教职工的学习气氛一直很浓厚，大家结合各自实际开展读书活动，并交流心得体会。作为一名校长，要想教职工跟着你的思路走，就必须身体力行，做好表率作用，这样才能有说服力，从而取得实效。

1999年，我获得"五十年辉煌、新世纪畅想"读书活动的全国优秀指导奖，非常高兴。为了提高自身的学识修养，我还认真地阅读教育学、哲学、政治学、社会学等方面的书籍，认真学习《教育研究》《人民教育》《广东教育》之类的综合性教育刊物，不断充实教育知识、更新教育观念，完善自己的管理思想，为自己的创新提供丰富的理论基础。

（二）参加培训

了解当前国内外形势，把握最前沿的知识和信息，是学习创新的又一重要途径。如何才能获取最前沿的知识和信息？如何才能提高自身的知识素养呢？我经常思考这些问题，特别是担任校长以后，更是觉得要在思想修养和知识能力方面加以提高。我想到了参加培训这一方式。

我认为，作为一名管理者，很重要的一点就是要与时俱进，思想不能落后，否则，就可能会做出不正确的决策，那么，管理团队就会陷于被动，跟不上时代的发展。

为了保持理念不断更新，我利用一切机会参加各种培训。通过参加培训，我可以有机会听专家、学者做报告，还可以与来自全国各地的同人进行经验分享和交流。这样，我不仅可以学到许多有用的东西，拓展视野，取长补短，还可以吸纳别人的思想，内化为自己的知识体系。我的很多创新，都是学习过程中思维火花闪现的结果。

（三）外出考察

要想有所创新，除了要不断更新知识，还需要不断开阔自己的视野。作为一名校长，目光囿于自己学校，是难以创新的。这时候，外出考察就成了开阔视野、丰富经验的一个好办法。通过外出考察，可以学习先进经验，并能创造性地转化为自己的东西，这就是外出考察的最大意义。

可以说，外出考察可以增加见识、开阔眼界，对学校管理者来说是极其重要的。校长不应以事务繁忙为借口，忽视外出考察，否则，失掉的极有可能是宝贵的创新机会。

（四）敢于质疑

懂得质疑、敢于质疑，是学习创新的关键。亚里士多德说：“思维自疑问和惊奇开始。”有所质疑，才会提出问题，有了问题，才会去想解决问题的方法，在想办法的过程中，你会积极思考，在这个时候，创新的灵感会随之而至。

古人云："在可疑而不疑者，不曾学；学则须疑。"学习创新的过程，其实质是不断地"生疑—质疑—释疑"的过程。在学习创新的过程中，要敢于怀疑权威，善于独立思考，从多角度去认识、探索，才能推陈出新。

创新箴言：学习创新的过程，其实质是不断地"生疑—质疑—释疑"的过程。在学习创新的过程中，要敢于怀疑权威，善于独立思考，从多角度去认识、探索，才能推陈出新。

（五）合作学习

2000多年前，我国就产生了合作学习的思想。《诗经·卫风》指出"有匪君子，如切如磋，如琢如磨"；《礼记·学记》提出"独学而无友，则孤陋而寡闻"的观点；书院更是盛行"切磋"之风。在合作学习中，不同的人有着不同的想法，多种想法相互碰撞，就会产生创新的火花。

我在参加培训时，认识了许多来自全国各地的优秀校长，在与他们的交流中，我学到了很多知识，也迸发了很多灵感。所以说，在学习创新的过程中，除了独立自主的学习，还需要与他人进行交流，通过思想的碰撞，产生创新的火花。

二、坚持学习

古人云："吾生而有涯，而知也无涯。"古人对学海无涯，须终身学习这一点早有领悟。师旷是我国古代著名的音乐家。一天，师旷正为晋平公演奏，忽然听到晋平公叹气说："有很多东西我还不知道，可我现在已经70多岁了，再想学也太迟了吧！"师旷笑着答道："那您就赶紧点蜡烛啊！"晋平公听了有些不高兴："你这话是什么意思？求知与点蜡烛有什么关系？答非所问！你不是在故意戏弄我吧？"师旷赶紧解释："我怎敢戏弄大王呢！只是我听人说，年少时学习，就像走在朝阳下；壮年时学习，犹如在正午的阳光下行走；老年时学习，便像在夜间点起蜡烛小心前行。烛光虽然微弱，比不上阳光，但总比摸黑强吧。”晋平公听了，点头称是。年龄并不是限制学习的因素，只要有学习的愿望，就应该坚持学习。

当今时代，世界在飞速变化，新情况、新问题层出不穷，知识更新的速度大大加快。一个人即使知识渊博，但如果没有坚持学习，其知识就会衰退，更谈不上创新了。人们要适应不断发展变化的客观世界，就必须把学习从单纯的求知变为生活的方式，努力做到活到老、学到老，坚持终身学习。

创新箴言：人们要适应不断发展变化的客观世界，就必须把学习从单纯的求知变为生活的方式，努力做到活到老、学到老，坚持终身学习。

对于终身学习这个理念，我极为赞同。许多人在自己所从事的领域中取得了一些成就，就认为已经身处“顶点”，可以不用再学习了，这种观点明显是错误的。学无止境，在知识更新换代如此迅速的今天，要想适应社会发展，就需要不断地学习。从这个意义上来说，现代人的生活应该是一个永无止境的学习过程。

总的来说，创新能力不是一朝一夕能形成的，除了不断学习之外，还要掌握正确的学习方法。如此，才能站在时代的前沿，开拓创新，砥砺前行。

策略二　自我整合，学以致用

创新的想法不是凭空产生的，它来自长时间的思考沉淀，是以知识和经验积累为基础的“水到渠成”。我们在创新的过程中，需要不断积累经验，并懂得思考和感悟，将学到的东西转化成属于自己的东西，这是我学习创新所要达到的目标。

一、自我整合

我们在前面说到，创新能力是可以通过学习形成的，但这里所说的学习，不仅仅是单纯的学习，还必须是发自内心的、主动的学习，同时，亦是促进自身知识结构不断优化的学习。

（一）主动学习

1. 明确学习目标

只有当你明确自己想要学什么，产生了学习的需求，才会把学习当成自己的事情，才能主动去寻找和发现自己感兴趣的学习资源，然后独立、认真、扎实地做好学习中应该做的每件事情，解决好学习中遇到的每个问题。

2. 进行自我评价

自我评价是每个主动学习者必须掌握的一项技能。只有正确地进行自我评价，才能弄清楚自己的学习状况，了解自己的优势与劣势。这样既有利于发挥自己的长处，也有利于弥补自己的不足。当你对自己的各个方面进行评价和审视后，就会发现，这样不仅保证了自己学习的速度和质量，也保证了自己学习的正确方向。

（二）抓住灵感

灵感是人类在创造性活动中产生的一种复杂的心理现象，具有突发性和偶然性的特征。灵感在创新过程中有着非常重要的作用：一是具有导向作用。人们在创新过程中经常会出现难以把握、难以确定的方向，这时，突发的灵感可以指引人们往确定的方向走下去。二是具有启示作用。灵感往往能给你正确的暗示和启示，使你少走弯路，做出正确的判断。灵感对创新而言，是不可或缺的关键。

创新箴言：灵感在创新过程中有着非常重要的作用：一是具有导向作用，二是具有启示作用。

在学习过程中，突如其来的灵感能给你无限的智慧，使你茅塞顿开、思如泉涌。但灵感具有突发性和偶然性，很多时候，灵感都是稍纵即逝的，如何才能及时捕捉到这些灵感呢？这就需要我们善于整理，及时内化。

1. 养成随手做笔记的习惯

我常常随身带一个小笔记本，除了记录一些小事情外，最重要的是记录一些偶然产生的想法。一旦灵感乍现，就及时地记录下来，即使是一些零碎的甚至是莫名其妙的想法。把这些想法记录下来后再进行进一步加工，经过反复整理，把可用的创新点提炼出来，就能形成自己的创意。

2. 做好长期的思索工作

"得之在俄顷，积之在平日。"灵感的产生需要建立在对某一问题进行长期思索的基础上。如果你长期专注于思索一个问题，就会对这个问题形成深刻的理解，使思维由零散到集中于某一焦点。当这些思索最终达到一个临界点时，就会很容易产生顿悟，灵感也会不期而至。所以说，要想抓住灵感，需要做好长期的思索准备，否则，即使你偶然捕捉到灵感，也会因为不知道如何应用而浪费掉。

3. 保持愉悦的精神状态

精神放松、心情愉悦是灵感产生的有利条件。有研究表明，当大脑处于放松状态下，比处于紧张状态下更容易产生灵感。所以，当你对某一问题苦苦思索且仍然得不到结果时，不妨放松自己，参加一些休闲活动，或许在心情放松时，灵感就会来临。

二、学以致用

经常会听到一些人抱怨学到的东西没有用，果真如此吗？知识来源于整个人类的生产和生活实践，是人们在解决实际问题的过程中不断总结和完善起来的。就知识本身而言，它必然是有用的，而认为所学知识没用的，只是因为不懂得学以致用罢了。

司马光在《答孔文仲司户书》中说："学者贵于行之，而不贵于知之。"这里所说的"不贵于知之"，并不是说"知"不重要，而是说"知"与"行"相比，应该更注重培养"行"的能力。学习知识的目的是为了付诸实践，如果学习了许多知识却一点儿也不会运用，那么，即使"知"再多也无用。

我深深懂得学以致用这个道理，并将之贯穿到学习和工作中。

第一，注重知识和经验的活用。在学习过程中，我们要学会把间接的知识和经验还原为活的、有实用价值的知识。在这个还原的过程中，我们需要善于捕捉细节，善于思考问题。对细节的捕捉，能让你从细枝末节中发现知识活用的可行性；而对某一问题的不断思考，则能让你不断去发现问题背后隐藏的规律和本质。

第二，注重知识和经验的实践。理论上行得通的东西，在实践中做起来可能远远比想象的复杂得多。动手实践，比单纯的"纸上谈兵"要来得更具体、更全面，也更直观。任何的创新，都离不开实践，只有把你的创新思想应用到实践中，用实践去检验，才能判断你的创新是否有效。

创新箴言：任何的创新，都离不开实践，只有把你的创新思想应用到实践中，用实践去检验，才能判断你的创新是否有效。

一次，我到福建考察教学改革，认为一所学校的“五环教学法”很值得借鉴，回来后结合实际情况对课堂教学进行了大刀阔斧的改革，学校的教学质量得到明显提升，并取得跨越性发展。而这证明了我“学以致用”方法的成功。

我认为，对于学习而言，别人的方法和经验只是作为一个参考，不能全盘照搬，需要结合自己的情况，有所取舍。如果你懂得将别人的方法与经验转化为自己的东西，那么，你的学习就事半功倍了。

在当今这个信息化时代，创新成为无可置疑的最强音。只有创新，才能解决面临的问题；只有创新，才能推动社会全面进步；只有创新，才能实现可持续发展。

作为一名校长，只有具备创新意识和创新能力，才能带领学校更好地进步和发展。对校长而言，学习创新，势在必行！

第四章

思路创新：走新的道路

当学校在发展过程中遇到困境与难题时，领导者必须首先站出来，大胆地进行思路创新，寻找出路。在不断的实践中，带领团队寻找一条切实可行的新道路，从而渡过难关。那么，在思路创新方面究竟有哪些良策呢？

有一个老和尚问小沙弥："如果你进一步是死，退一步则亡，你应该怎么办?"小沙弥毫不犹豫地说："我往旁边去。"可能很多人会陷入老和尚既定的假设里面，感到进退不得。其实，我们可以跳出老和尚的思路，直接"往旁边去"，这何尝不是"柳暗花明又一村"的境地呢？正如邓小平所说，"不管黑猫白猫，抓到老鼠就是好猫"，不管采用什么方法，只要能达到目的就是好方法，关键是你要找到适合自己的路，勇敢而坚定地走下去。

有时，我们在一条路上不断地行走，久而久之，会感到脚下的路越走越狭窄，甚至到了"山重水复疑无路"的地步，就再也没有勇气迈步前进了。其实，不是路变窄了，而是我们的思路变窄了。正如一位哲人所说："一个人如果不能追赶太阳，就应该选择月亮。"当我们在原来的道路上进退不得的时候，就要转变思维，拓宽思路，敢于创新，重找出路。

创新箴言：当我们在原来的道路上进退不得的时候，就要转变思维，拓宽思路，敢于创新，重找出路。

我曾给教师讲过"思路决定出路"的小故事。从前，有一位秀才，在第三次进京赶考的时候，他住进了一家常住的客栈。在考试的前两天，他做了三个梦。第一个，他梦到自己在墙上种白菜；第二个，他梦到下雨天自己不仅戴着斗笠，还打着伞；第三个，他梦到自己跟心爱的姑娘同床共寝，却背对着背，谁也不理谁。

他感到非常不解，这三个梦到底有什么寓意呢？第二天，他赶紧去找算命先生解梦。算命先生一听，连拍大腿说："你还是回家吧。你想想，在墙上种菜，不是白费劲吗？既戴斗笠又打雨伞，不是多此一举吗？与心爱的姑娘背靠背，不就是没戏吗?"

秀才一听，就心灰意冷地回客栈收拾包袱，准备回家。店老板感到非常奇怪，就问道：“不是明天才考试吗？怎么你今天就回乡了？”

秀才如实说明了原委，店老板听了后笑着说：“我也会解梦。我倒觉得，你这次一定要留下来参加考试。你想想，墙上种菜，不是‘高中（种）’吗？既戴斗笠又打雨伞，不是说明你这次考试有备无患吗？而和意中人背靠背躺在床上，不是说明你翻身的时候就要到了吗？”

秀才一听，觉得更有道理，于是精神振奋地参加考试，结果金榜题名。

在这个故事里，我们看到了一个非常有趣的现象——解梦。心理学家荣格认为，梦有一种重要的心理补偿与调节作用，是一个内在的自我平衡系统。梦本身并不会预兆吉凶，只是个人的理解不同，而不同的理解会引发不同的自我暗示。自我暗示是人的心理活动中的意识思想的发生部分与潜意识的行动部分之间的沟通媒介。它是一种启示、提醒和指令，它会告诉人们注意什么、追求什么、致力于什么和怎样行动，因而它能支配、影响人们的行为。

从这个小故事中我们可以看出，算命先生的心态是消极的，因而他对梦的理解也是消极的，使得秀才听了觉得毫无出路；店老板的心态是积极的，因而他对梦的理解也是积极的，使得秀才听了又精神大振。从看待问题的角度来看，消极的人遇到问题时会感到束手无策，由于心灵封闭、观念陈旧，所以常常只看到消极和失败的一面，在人生的字典里只有“不可能”，目光短浅，且斤斤计较；积极的人在问题面前，更愿意相信“办法总比困难多”，由于头脑开放、观念新颖，所以总能看到积极与光明的一面，在人生的字典里没有“不可能”，并且目光远大，不会计较一时之利。所以，在问题面前，我们要像店老板那样用积极的思路来寻找出路。

廉江市第五中学原是一个“三不管”的学校。什么是“三不管”呢？第一，学校不是市属学校，市领导“不管理”；第二，学校处在镇区位置，市教育局“不管理”；第三，学校是一所完全中学，乡镇“不管理”。面对这种情况，如果按照常规的路子走，学校将无法突破发展的“瓶颈”。我应该怎么办呢？

我采取了三个策略，以谋求学校的出路和发展。

策略一 寻找出路，错位竞争

思路决定出路。当事物的发展遇到了阻碍，不得不寻找新的出路时，领导者的思路创新尤为重要。在新思路战胜旧思路之前，领导者在坚持创新的同时，还要付出最大的努力，统一思想，引领大家团结一致地朝新方向、新出路努力。所以，当面对学生文化基础差、教学质量低下的情况时，我下定决心转变办学方向，以美术、音乐、舞蹈、体育为突破口，走出一条特色之路。

创新箴言：思路决定出路。

一、寻找出路

有一天，我和一位主管教学工作的副校长去兄弟学校考察。我之所以选择这所学校，原因有三个。第一，该校与我校情况相似。它也是一所位于城乡接合处的学校，虽然不属市级管辖，但是离城市较近。既然大家面临的处境差不多，为什么该校的发展欣欣向荣，而我校的发展那么不景气呢？我们要通过实地考察来找出差距，以找到学校发展的出路。第二，该校营造了学习美术的氛围，并且取得了成功，我们要学习和借鉴它的办学经验。第三，为了增强我校办学转型的信心。我们考察的目的就是取长补短，吸取别人的先进经验，从而找到适合我校发展的道路。在考察后，我坚定地对副校长说："三年后，我们要超越这所学校。"副校长深感道路曲折，笑了笑说："不容易啊！"但我很有信心，考察回来之后，我马上着手办学转型的工作。

我动员学生学美术，但遇到的阻力不小，问题也不少，学生、家长、教师都对此很不理解。面对这种情况，我做好了三方面的思想工作。

（一）用真心打动学生

我首先为学生反复分析目前他们的学习情况，动员他们去学习美术。我告诉学生，走常规之路，很难上本科；如果另辟蹊径，如学美术，上本科的机会就会多一些。这就好比同样是要到达目的地，你骑摩托车跑机动车道，可能会被大货车撞翻，但你要是走小道，不和那些大车抢道行驶，也能到达目的地，甚至可能比它们早到，同时，还可以沿途欣赏风景。毕业后，就业前景较好。我希望通过这样分析，能让学生在思想上对学美术有全新的认识。

另外，我还采取了助学政策。学美术的学生不仅获得的奖学金金额高一些，还可以额外享受学校每月提供的补助，用于购买学习材料和工具。这样学生的积极性就被调动起来了。有一个女生读高三，我建议她学美术，并对她说："你应该学美术，如果你不学，你很难考得上本科；如果你学，我保证你一定能考上本科。"她听了我的建议，选择学习美术，结果真的考上了本科。

（二）用诚心说服家长

我做家长工作很讲策略，开家长会时，我没有直入正题，而是给他们分析目前的就业形势。我对家长们说，一般学美术专业的大学生，毕业后都比较容易找工作，且工资较高。为什么呢？因为现在大学生越来越多，如果没有什么特长的话，毕业后很难找到工作，即使能找到工作，工资也是一般水平；而美术专业的学生拥有“人无我有，人有我优，人优我精”的专业特长，这种有专业特长的学生出来找工作最吃香了。我还对家长们说，不要认为学美术没有用，我们生活中很多专业的设计都是学美术的人做出来的，如服装设计、环境设计等。我抓住家长的心理，从家长最关心的就业前景入手，让家长认识到，孩子学了美术，将来的工作会好找一些。在我的耐心分析之下，家长们也慢慢认可了我的理念。

（三）用执着感染教师

教师的工作反而不如学生和家长的好做。有些教师觉得学美术没用，有些教师抱怨让学生学美术增加了他们的工作量，还有些教师持观望的态度。为此我召开了数次教师会议来统一大家的办学思想。当我好不容易发动一部分学生来学美术时，有一个班主任不断地向我抱怨说：“学美术没有用。”我对那位教师说：“办学思路转型是学校的决策，这是有利于学校发展的事，你要把眼光放长远。”在我的大力宣传下，教师们对让学生学美术逐渐转变了态度，学生学美术的风气也好了很多。

我对教师们说，学校决定走美术教育之路，是认准了才走的。如果不往这个方向走，只有死路一条。这犹如人家已经开着跑车在大道上疾驰，你还开着拖拉机慢悠悠地走，肯定是不行的。所以，大家要理解并支持学校的做法，绝不能阻止学校发展的步伐。

二、错位竞争

在管理学上，有一种“错位竞争”策略。这种策略运用到教育管理中，是指学校避开竞争对手的办学优势，以己之长，克彼之短，从而确立相对优势地位的一种竞争策略。这种策略用得恰当，不仅可以“顺推”得势，而且可以“逆转”取势，为学校的发展赢得更大的空间。这种策略的竞争形式体现在两个方面。

从静态来看，它是“错位”定位，有两种形式。第一，顺“错位”定位。我结合学校与学生的实际情况，觉得学生学美术的可塑性更大，更有利于学生个人和学校自身的发展，于是决定发动学生学习美术。第二，逆“错位”定位。首先，我把学校的发展目标定位在全市的第五名，改变以往排名倒数的历史；接着，选择了目前没有多少人走的“艺考之路”，希望通过发展艺术教育为学校的发展取得竞争优势。

从动态来看，它是“错位”转移，有三种形式。第一，顺降式“错位”转移。通过学文化课参加高考，是大多数人的选择。选择的人多了，相应的标准也提高了，竞争也更加激烈；而通过学习艺术参加高考，选择的人少，相对就容易很多，于是我就把办学目标转移到艺考上来。第二，逆升式“错位”转移。学校向艺术教育转型的第一年，考上本科的学生一下子就从一两个增加到30多个，第二年、第三年不断增加。如今，学校获得了“要学艺术，就到五中”的良好社会声誉。第三，开叉式“错位”转移。我不仅发动学生学美术，还动员学生根据自身的兴趣爱好，学习音乐、舞蹈、体育。第一年学舞蹈的学生有8个，他们全部都考上了本科，都走进了理想学校。过去，学校每年最多只有一两个学生能考上本科；如今，每年都有几十人，甚至上百人能考上本科。

走创新之路，我是坚定不移的。虽然学校在向艺术教育发展转型的过程中遭到不少人的异议，但是我认为只要能够培养学生成才，让他们将来有一条很好的路子走，就足矣！因此，只要对学生的发展有利，能够帮助他们成长，我就会义无反顾地去做。当我把美术、音乐、舞蹈、体育这几个教育板块搞好的时候，学校的教育教学成绩有了质的飞跃。

策略二　有中生新，打造品牌

每年的9月28日，在廉江市第一中学的“论语广场”上，你会看到一番令人特别震撼的景象。全校5000多名师生、各级领导以及社会上的各界人士齐聚在此，在庄重而肃穆的气氛下，开展大型的“敬师节”活动。教师和学生代表分别向孔子雕像敬献花篮，全体师生一起鞠躬以表达对先师的尊敬和爱戴。学生代表身穿汉服，于悠扬的古乐声中，在孔子雕像前齐诵《论语》，以表达对先贤的追思与敬重。这一刻，儒风浩荡，古韵悠扬，颂歌激越，仿佛远离了世事的喧嚣与纷扰，走进了心灵的宁静与淡泊。

一、有中生新

战国名人孟尝君，是宗室大臣田婴的儿子，也是有名的“战国四公子”之一。但是他出生的时候，他的父亲总想把他杀掉。原因是孟尝君生于五月五日，按齐国风俗，此日生子极不吉利。当孩子长到跟门一样高的时候，就会祸及全家。

孟尝君知道真相后，勇敢地走到父亲面前说：“既然我与门同高时，会连累父母，那为何不把门加高一丈，使我永远不及门高？这样您不就既无杀身之祸，又可享受父子团圆的天伦之乐？”父亲听了后觉得很有道理，并十分欣赏儿子的才华。后来，孟尝君成了战国时期聚才三千、礼贤下士的名相。

这是一个3000多年前的故事，可它的深刻哲理历久弥新。廉江市第五中学原名为石城中学，环境差，生源差，校风差，严重被边缘化。我担任校长后，仔细分析了学校的实际情况，大胆创新，提出“绿色教育”理念，实施“绿色工程”计划，从绿化校园环境开始，进而到净化学生心灵，严抓校纪校风建设，并将学校改名为廉江市第五中学。此外，我还调整办学思路，结合现有生源水平，大力培养艺术生、体育生，教学质量屡创新高，实现了“低进高出”的办学目标。学校由一所无人问津的“三差”学校变成了市里名列前茅的学校。

我倡导“雅致教育”，是结合了时代、教育、学校发展的特点来办学的。传统文化只是一个载体，是学校立德树人的一个途径，我们要在立足传统的基础上进行创新，让它富有现代化气息，能更好地被广大师生接受。因此，学校最终确立了发展的道路，在原有办学理念的基础上以传统文化为载体，走“强科研、创特色、树品牌”的办学之路。

2011，我获得了由广东省教育厅批准的“广东省中小学德育实验研究学校”课题。课题组本着严谨求实、不断探索与创新研究的工作思路，依托校本资源，以传统文化为载体，以“论语广场”为平台，以《论语》《弟子规》等儒家经典为载体，以体验式德育活动为策略，积极开展以“雅致教育”为主的德育实验研究，成果颇丰。事实证明，我在原有的基础上进行大胆创新的思路是对的。

二、打造品牌

品牌意味着公信力。相信大家对“金利来”这个品牌并不陌生，那么，“金利来”是从何而来的呢?

“金利来”的创始人名为曾宪梓，由于家里经济条件不好，他打过好几份散工，后来决定到香港街市推销自己的领带。但是，没有一家服装商愿意进他的货，因为大家都不相信在一个破旧小作坊生产并且在街边卖领带的人能制出高级领带来。后来，曾宪梓索性把自己的产品送到领带名店和大型商场的高级领带专柜去展销，并给自己的领带品牌取名为“金利来”，果不其然，产品很快就被一抢而光。这时，曾宪梓才领悟到：仅有高质量的好产品还不行，还要有高信誉的品牌。后来，他正式成立了“金利来公司”，打造出了一个世界闻名的男装品牌。

当年，曾宪梓用“金利来”这个品牌不仅引领了领带的潮流，而且创造了一个充满魅力的“男人的世界”。这就是我们常说的“品牌效应”。所谓品牌效应，就是指产品或企业成为品牌后在经济和社会等方面所产生的影响。在经济学上，品牌效应是品牌因满足社会需要而获得的经济效果，是品牌的品质、信誉和声望所产生的综合影响力。同样，学校的发展也要有一个品牌，让人一提起就能想到这所学校。

创新箴言：在经济学上，品牌效应是品牌因满足社会需要而获得的经济效果，是品牌的品质、信誉和声望所产生的综合影响力。

通过多年的教育实践，我深知德育是扎实教育的根本。而要想让廉江市第一中学的德育在众多学校中保持优势，就必须有自己的品牌，并且迅速做大做强，以产生更大的品牌效应。

如何打造廉江市第一中学的品牌？我决定以传统文化为核心，提出了“仁德教育”。“仁德教育”具体以“三拜”“三读”“三多”“三无”的形式呈现。“三拜”意为，一拜孔子学礼仪，二拜孔子学做人，三拜孔子学读书；“三读”意为，熟读一百句经典名言，研读一百个经典故事，精读一百篇经典古文；“三多”意为，多微笑，多问好，多行礼；“三无”意为，地面无垃圾，餐桌无剩饭，内务无杂乱。“仁德教育”实施不久，校风焕然一新，学校获得了良好的社会口碑。有些高校一提到传统文化教育的创新，就会提到廉江市第一中学；在教育会议上，一提到中小学办学特色，就会提到廉江市第一中学；在社会上，一提到德育，就会提到廉江市第一中学。有一次，市委领导对我说：“张校长，你们学校开展的‘三拜孔子敬师节感恩活动’不仅是学校的德育特色，甚至可以上升到全市高度去推广了！”

策略三　制定愿景，建设团队

我的目标是成为一名创新型校长。除了这个个人目标要努力实现之外，我还要带领一个创新型团队实现团队的愿景。团队成立初期，总会遇到这样或那样的困难，对此我所做的第一件事就是制定愿景，建设团队。

一、制定愿景

廉江市第一中学建设之初，便遭到了来自社会各方面的质疑。学生担心这所新学校能否为自己提供优质教学，家长担心这所新学校是否靠谱，而教师担心自己能否适应新学校的新环境。我决定召开一次大会，当着大家的面保证："'争一流，创特色，办名校，育英才'是我们学校的宏伟目标，我们最终要让学校成为'让群众满意，让政府放心'的一流名校，让我们的教师成为一流的教师！目标永远在路上，我们齐心协力，不达目的不罢休!"大家听了我的鼓舞，都充满了力量。这就我进行的"愿景管理"。

"愿景管理"在我们日常生活中应用很广泛，如领导常会拍着你的肩膀说："好好干，干好了给你升职。"它的本质就是为你的理想做保证，让你心甘情愿地付出更多的努力。

二、建设团队

俗话说："人心齐，泰山移。"这说明团结的力量是巨大的。校长作为一个团队的"领头羊"，自身不仅要有创新意识，还要对团队做好整体的规划，统一内部的思想，让大家也要有创新意识。

创新箴言：校长作为一个团队的“领头羊”，自身不仅要有创新意识，还要对团队做好整体的规划，统一内部的思想，让大家也要有创新意识。

（一）用好人

《西游记》中的唐僧团队是最成功的团队。阿里巴巴集团董事局主席马云非常欣赏唐僧团队，他认为一个理想的团队就应该有这四种角色：德者，领导团队；能者，攻克难关；智者，出谋划策；劳者，执行有力。

1. 德者居上

唐僧无疑是团队的领导者，有目标，品德高尚，负责传达上级命令，督促下属工作，对下属的表现做出评判和考核。在整个团队里，唐僧虽然并不是能力最出色、决策力最强的，但是他认真、执着，目标感很强，对于要完成的任务能坚定不移、持之以恒。

2. 能者居前

孙悟空可谓团队中的优秀骨干，有能力、有个性、有想法，但缺乏自我约束能力、团队合作精神和综合决策能力。对于孙悟空这样的“能人”，在管理上要用各种规章制度来约束他，用组织文化来引导他，用领导才能来管理他，以提升他的忠诚度。

3. 智者居侧

有人这样总结猪八戒：“虽然好吃懒做，但是干起活儿来也保质保量；虽然自私自利，但会坚持原则；虽然喜欢打小报告，但也不会无中生有；虽然喜欢奉承领导，但也愿意与群众为伍。有孙悟空、沙和尚不具备的协调能力，时而劝服孙悟空继续西行，时而替孙悟空跟师父说情，从这点看，团队里不能缺少猪八戒这样的成员。”猪八戒是我们生活中一个鲜活而真实的角色，他没有什么宏大的目标，也没有什么过人的才能，但是他能协调各方面的工作，并给团队增添活力和欢乐。这样的角色在一个团队里不能缺少。

4. 劳者居下

沙和尚虽然能力一般，但忠心耿耿、工作踏实、任劳任怨、心思缜密，并且有良好的团队合作精神。这种角色虽然不会有大作为，但是团队运行也离不开他。

唐僧团队最大的特点是“目标引领，角色互补”。具体来说，领导唐僧有权威、有目标，但能力不高；员工孙悟空、猪八戒、沙和尚虽然有能力，但自我约束力差，目标不明确，有时还会开小差。师徒四人性格各异，却历经九九八十一难，最终取得真经，修成正果。这说明一个优秀的团队必须要有一致的目标，成员之间要相互配合，优势互补。在一所学校，校长要建设管理团队，也要有一个共同愿景。所以，我们创新型团队制定的共同愿景就是“办出名校，成就名师，教出名生”。

我在“尊重知识、尊重人才”的原则下，做到“人尽其才，物尽其用”，把真正的人才放在最合适的位置，让他们充分发挥自己的才干。在这种情况下，我用最合适的人建设了一个较优秀的管理团队。建设一个管理团队好比建造一座大楼，只有根基打牢固了，上面才会稳固。

（二）带好队

一个团队除了要用好人之外，还要有一个出色的领导者带领管理团队走向成功。如何管理好团队呢？必须注意以下几点。

1. 和谐

团队是一个较为亲密的组织，如果成员之间不和谐，关系紧张甚至破裂，团队的作用就无法发挥。根据“和谐定理”，在组织内部，人际关系和谐的程度与彼此之间相互尊重、信任和关怀的程度成正比。人与人之间有差异，就难免有矛盾。一旦有了矛盾，就难免走向对抗。所以，在团队管理中，我坚持以“和谐”为第一原则。

有一次，学校要举行一场篮球赛，我发现两支篮球队伍是以语言为标准来组建的，一支队伍讲本地方言，另一支队伍讲普通话。我就对他们说：“你们不能以说方言还是说普通话为标准来组建球队，因为语言上的差异很容易让双方产生矛盾。”我深知，一个团队只有和谐，才能形成强大的向心力；如果不和谐，只会钩心斗角，何谈实现共同愿景？

2. 团结

雷锋说：“一滴水只有放进大海里才永远不会干涸，一个人只有当他把自己和集体事业融合在一起的时候，才能最有力量。”如果一个团队不团结协作，就像竹篓里的螃蟹，只要有一只想往上爬，其他螃蟹便会纷纷攀附在它的身上，结果没有一只能够爬出去。这就是“螃蟹效应”。在团队中我们要避免“螃蟹效应”，成员之间不能为了各自的利益而相互算计、明争暗斗，甚至想尽办法去破坏或打压别人。

我能带好团队，很重要的一点是我能激励团队成员发挥团结协作的精神。我们的团队里有不少教师，周末没有教学任务，但主动给学生辅导功课；晚上没有课或自修，也经常来学校看班；刮台风了，他们主动冒着风雨到学校来查看教学设备。他们不计较个人利益，只想为学校尽自己的一分力量，这令我非常感动。正是由于团队成员无私忘我地投入工作，学校才能取得优异的成绩。

团队是否团结，这很关键。大家如果在一个团结的团队中工作，就会感到很开心，自然也会很努力地工作，同时，从心里也很坚定地支持领导者。这在市委抽调我去筹建另一所学校时更能体现出来。听说我将去另一所学校工作，很多学生联名写信给市委请求挽留我，教师也频频劝我留下来。我既舍不得离开大家，又很感动，我深深地知道，正是因为大家从心底认同我这个领导，才会千方百计想要挽留我。

3. 学习

作为一个领导者，要想把创新的点子更好地落实，就要做好整体规划，更要统一团队的思想。如果没有统一的思想，大家各做各的事情，就会一事无成。在这一点上，我有一个很好的方法。我经常组织教师外出考察学习，让他们通过考察，思想有所感悟，观念有所更新。我认为，团队要创新，就要做好两个方面。一方面要让大家多学习知识、掌握方法，多见识一些新鲜事物。有机会让大家多出去走走，开阔眼界、拓宽思路，以便更好地创新。人们常说："读万卷书，不如行万里路。"我历来强调身体力行，知行合一。另一方面要让大家多交流、磋商、讨论、辩论。正如萧伯纳所说："两个人交换了思想，每个人就同时有了两个人的思想。"团队成员之间通过交流、讨论，能够不断碰撞出新的火花。集体的智慧能促使团队形成创新思想。

创新箴言：团队成员之间通过交流、讨论，能够不断碰撞出新的火花。集体的智慧能促使团队形成创新思想。

4. 育人

蜀国在三国鼎立中最先灭亡的一个重要原因就是，诸葛亮死后后继无人。我常说，我们要吸取诸葛亮的教训，多给年轻人锻炼的机会。很多事情，我只讲方向和思路，让大家各自发挥聪明才智去完成。比如，我提出"三无"目标，三个部门领导就可以自主处理。第一，地面无垃圾，由体卫处负责；第二，饭堂无剩饭，由总务处负责；第三，内务无杂乱，由政教处负责。我只是定出一个目标，至于具体怎么做，各部门就要各自努力想方法和措施了。

通过这些办法，我培养出了一批能够独当一面的人才，他们具有很强的独立思考能力与解决问题的能力。也正是因为有了这一批人才，学校才能发展得越来越好。

在办学的过程中，我遇到了不少的阻力，如学习传统文化、开展各种各样的社团活动、招聘教师等，但我坚信，虽然道路是曲折的，但是前途是光明的。只要认准方向，就要大胆地往前走；只有开拓创新，才能更好地走下去。

经过一番努力，我终于走出了一条创新型发展道路。

第五章

机制创新：四两拨千斤

在教育管理中，如何才能进行机制创新，并在学校中领先，很多人对此百思不得其解。新课改时期我也曾经面临这样的难题，那么我是如何进行机制创新的呢？又是哪些策略帮助我在众多竞争中抢占了发展先机呢？

我们先来看一个企业发展的案例。

汤森路透评选出全球创新企业十强，3M 公司排名第一。3M 公司成立于 1902 年，100 多年来共发明了 69000 多种新产品，2008 年平均每 3 天推出一个新产品，到 2011 年已经时间缩短为平均每2 天推出 3 个新产品。2010 年全球销售额达到 266.62 亿美元，纯收益 40.85 亿美元。创新也许不是一件难事，难的是创新百年。是什么造就了这家公司传奇般的持续创新呢?

第一，对创新充分授权，赋予支持。3M 公司有一个著名的“15%规则”，是指团队中的任何人都可以用 15%的工作时间去做与职责无关的任何事情来激发创意。这意在倡导一种创新与日常工作的互动关系。

第二，容忍失败，鼓励员工坚持到底。3M 公司曾有人想设计交通标志牌上不粘灰尘的涂料，但发明出来之后，一下雨涂料就被冲掉了。在一般情况下，这个发明就算失败了，但 3M 公司并没有叫停这个项目，而是鼓励员工继续跟进。结果这种涂料被应用在了医疗手术的眼镜中，每次手术前往眼镜上喷一下，眼镜上就不会产生水汽，手术完后洗掉也没关系。

第三，采用有利于创新的沟通方式和人事组织。3M 公司的每一个员工都可以随时同他的上司沟通自己的创意，也可以向最高级别的领导人当面陈述。

第四，对于创新给予积极奖励。开始创新时的一位基础工程师，当他创造的产品进入市场，他就能晋升为产品工程师；当产品销售额达到 100 万美元，他的职称、薪金将有重大改变；当产品销售额达到 2000 万美元时，他就会成为“产品系列工程经理”；当产品销售额达到 5000 万美元时，公司就成立一个独立产品部门，他也成了部门的开发经理。这一奖励制度为员工提供了持久的创新动力。

最后需要提及的是，3M 公司采取“逆向战略计划法”，即先有解决问题的办法，后有问题的创新模式，先从一个核心技术的分支开始，然后再为这种技术寻找可以应用的市场，从而开创出一种新产业的“蓝海战略”。这使得3M公司能够洞悉市场先机，创新力以惊人的速度被转化为产品。

如何创新学校管理？首先需要了解学校的管理运行机制是怎样的，我们可以用一句话来概括——“纵线到底，横线到边”。

我们先从宏观上看，整个教育行政系统，由校长全面负责学校工作，主管校长办公室，下面由几个副校长分管若干条线。一个副校长是管政教线的，主管政教处和团委这两个部门；一个副校长是管教学线的，主管教导处；一个副校长是管后勤线的，主管总务处；还有一个副校长是管其他线的，主管体育、美术、音乐三大板块。我们再从微观上看，从初一到高三每个年级都由一个年级组负责。

在整个教育行政系统中，我注意避免出现“责任分散效应”。什么是“责任分散效应”呢？我们不妨先看一个例子：一个办公室里原本有三个人，每次办公室的卫生都由小张负责。后来，办公室里又新来了一位同事，小张就和那位新同事商定轮流打扫卫生。两个人配合得相当好，办公室还是被打扫得干干净净的。再后来，又来了一名新同事，他来的第二天早上，大家来上班时却发现地上一片狼藉。原来，原本负责打扫卫生的两人都认为卫生应该由新来的同事负责，而那位新来的同事认为已经有人负责卫生工作，自己只需要做本职工作就行了。由此可见，当大家都认为别人会承担某种责任的时候，恰恰没人会承担责任。

当一个人单独进行选择的时候，他必须担当起所有的责任。但当大家组成一个团队，集体讨论问题的解决方法时，责任就被扩大化了。大家都有这样的思想：如果出了问题，责任是大家的，不是我一个人的。如果一个团队中每一位成员都有这种思想，那么由集体做出的决定往往更为冒险，这是值得我们提高警惕的。

那么，为了解决学校发展过程中出现的管理问题，我运用了哪些有效的策略呢？

策略一 权力下放，明确责任

领导者在将一项任务交给某个团队去完成时，一定要指定负责人，明确哪儿出了问题该找谁，最后直接跟负责人交涉就行了。团队未能完成任务的时候，想让你的批评变得有力，就要让你的批评变得具有针对性，责任一定要分到具体的某个人，否则就会出现责任分散的现象，你布置下去的任务多半不会被很好地执行。这就是典型的“责任分散效应”，它的实质是人多不负责，责任不落实。

学校各个年级组的管理都是相对独立的，从某种意义上来讲，每个年级组就相当于一所分校。在学校管理中，我从来都是从宏观上提出目标和要求，具体实施则放手交给年级组去做。我与各个年级组签订协议书，实行年级组长负责制，整个年级组运行非常有条理，学校的管理体系也很顺畅。如高考动员大会，即“百日冲刺大会”，从召开动员大会，到设计方案，再到节目编排、请家长以及嘉宾，直到最后现场组织“百日冲刺大会”，都是由高三年级组来进行。这样就没有牵涉到其他年级组，至于领导，除了主管教学的副校长以及教导处正副主任之外，其他领导都不用参加，我也只是在动员会上发表讲话，这样既减少了行政成本，又明确了任务，效率大大提高。

除了“百日冲刺大会”之外，还有家长会，也是由年级组提供一个方案，再上报主管领导，由主管领导做出决策。在召开家长会的时候，年级组往往请校长或主管副校长去讲话。一般来说，我如果有空就会出席，但由主管副校长负责，年级组实施，我并不干涉具体事务。从中我们可以看出，学校具体事务的操作运行都是由年级组处理，中层领导主要负责监督，高层领导主要负责决策，上层不干涉，下层不扯皮，责权分明。

我运用的这个策略叫作“把权力下放到年级组”。可能很多领导都会担心这样一个问题：把权力下放之后，是否意味着自己的权力被架空了呢？我们不妨先来看看这样一个故事：有一天，一个男孩问迪士尼的创办人华特·迪士尼：“你画米老鼠吗?”“不，我不画。”华特·迪士尼说。“那么你负责想所有的笑话和点子吗?”“也不，我不做这些。”男孩感到疑惑不解，继续追问：“那么，迪士尼先生，您到底做些什么呢?”华特·迪士尼笑了笑，回答说：“有时，我把自己当作一只小蜜蜂，从片厂一角飞到另一角，采集花粉，给每个人打打气，我猜，这就是我的工作。”谈笑之间，一个管理者的角色就不言而喻了。其实，作为一名管理者，没有必要事事亲力亲为，他要做的是把握总体方向，处理具有决定性的事务，一些具体的工作完全可以交由下属去完成，这也符合管理学上的“例外原则”。

“例外原则”是指高级管理人员把一般日常事务授权给下级管理人员，而自己保留对例外的事项（一般也是重要事项）的决策权和控制权。

在教育管理上我们一再强调要把工作做细、做实，其目的都是实现管理的规范化和职业化，从而达到组织和流程运作的高效、有序，以此促进学校核心竞争力的全面提升。实际上，管理规范化和职业化的过程就是不断地将非例外事项公式化和流程化的过程。我为什么对“百日冲刺大会”不予干涉呢？因为我将流程内事件的处置权按流程赋予了高三年级组，自己就不做无谓的干预，这体现了一个优秀的领导对下属的放权和信任。

“例外”思想不仅仅只应体现在管理上，还体现在对人员的“例外”思想的培养上。作为一名管理者，我经常关注教职工在工作中产生的一些模糊、随意的想法，因为我认为这些都是非常规的“例外”思想，这些思想有可能会成为促进学校飞速发展的创新的火花。

当权力下放到年级组后，年级组到底起到怎样的作用呢？在我看来，年级组就是一个相对独立的分校，起到联系教师和领导的桥梁作用。如每周一召开的行政会议，有什么重大问题要做出决策，或是有什么制度要出台，都必须经历一个酝酿的过程：先由年级组讨论出一个草案，再由年级组长向主管领导汇报，然后由主管领导拿到行政会议上进行讨论。这样年级组就在教师与领导之间架起了一座桥梁，使得上下信息通畅。

通过这些事情可以看出，我在教育管理机制方面的创新之处体现在三个方面：一是全面性。教育管理的方方面面，具体落实到人，每一项都有人管理。二是畅通性。金字塔式的管理框架保证了政策的落实、体制的运行、监督的有效。三是稳定性。通过层层签订协议书，明确管理责任。如果哪个环节出了问题，通过签订的协议书，就可以直接找到负责人。

创新箴言：通过层层签订协议书，明确管理责任。如果哪个环节出了问题，通过签订的协议书，就可以直接找到负责人。

某些领导担心权力下放会影响自己的地位，所以就大权小权都不肯放，眉毛胡子一把抓，这样的后果就是他本人累得半死，工作效率还不一定高。当然，也有一些领导并不是热衷于权力和地位，而是单纯地不放心，也坚持事必躬亲。三国时期的诸葛亮不仅才智过人，而且有着极强的敬业精神。他对蜀汉的事业，可谓“鞠躬尽瘁，死而后已”，令人感动肺腑。但是，大家知道诸葛亮是怎么死的吗？累死的！诸葛亮做事很认真，达到了“包揽”的程度。他事必躬亲，“亲理细事，汗流终日”“夙兴夜寐，罚二十以上皆亲览焉”，大事小事全操心，家里家外也全掌控，真是“家事国事天下事事事关心”。加之，安居平五路后，没过几天安闲的日子，就来个七擒孟获，又是六出祁山，回师后又有一大堆事务忙于处理。本想完成先帝的托孤重任，实现统一全国的抱负，然而50多岁的人连年征战，操劳过度，最终以身殉职，病死军中。显然，一个领导只有抓住树型结构的权力主干，主动地把例行和常规的权力交给下属，才是明智的。所以，管理者必须要牢记：凡是可以授权给他人做的，自己不要去做。当你发现自己忙不过来的时候，你就要考虑自己是否做了下属可做的事，那就要把权力分派下去了。

在行使权力的过程中，下属难免会遇到一些“例外”和非常规事件，限于能力、经验和权力等，总会把这些“例外”事件向上级领导汇报。面对下属的这些诉求，恰是考验领导水平的时候。此时，领导应该棋高一着，有能力给予及时的解决，救下属于困顿，以赢得下属的信任和拥戴，这才无愧于一个真正合格的管理者。

权力下放，明确责任，是一个优秀管理者成功的秘诀。千万不要事必躬亲，独揽所有的权力和事务。把该放的权力放掉，把该管的事务管好，这不仅是一种管理艺术，体现了管理者的智慧与胆识，而且是一场自我革命，可以赢得下属的衷心拥戴，并促使下属更加积极地工作。

策略二　人文关怀，精神激励

马斯洛的需求层次理论将人的需求分为生理需求、安全需求、社交需求、尊重需求和自我实现需求。尊重和身我实现的需求是高级的需求，而且一个人对尊重和自我实现的需求是无止境的。所以，作为一个管理者，校长必须要关注教师、学生的内心世界，关注他们的精神需求。我认为管理越贴近师生的需求，越具有人性化，师生就会越来越觉得自己得到尊重，进而提高工作效率和学习效率。

一、教师：精神激励

在对教师的奖励机制上，我非常重视精神上的激励。有一位年轻教师，是刚从乡镇调来学校的。我发现这位教师虽然是中师学历，但他在教学上非常投入，在业务上也不断追求上进，成绩突出，于是决定重点培养他。我非常清楚这位教师的家境不好，可能需要物质上的支持，然而学校的财力有限，这就需要一个管理者充分地运用激励机制了。如何建立激励机制呢？我们先来看一个小故事——“砌墙的差距”。

一天，一个建筑公司的经理来到新工地视察，看到三个工人在不同的位置砌墙。经理对第一个工人漫不经心地说：“我们要砌一道墙。”他对第二个工人说：“我们要建造一幢房子。”当来到第三个工人的面前时，经理带着一种豪气说：“我们要建设一座美丽的城市。”当工程结束的时候，经理发现第一个工人把墙砌得歪歪斜斜，于是责问他，他却满不在乎地说：“不过是一堵墙嘛。”第二个工人把墙砌得中规中矩，经理看了，十分满意，便询问他是怎么做到的。他说：“因为这堵墙将来是房子的一部分，如果墙砌得不好，房子会倒塌。”经理来到第三个工人完成的工程面前时，发现墙不仅砌得平整笔直，而且每个细节也处理得近乎完美。不仅如此，那个工人还把那些变形缺角的砖块都挑了出来，没有一块用到墙上。

十年后，第一个工人依然在砌墙，第二个工人成了工程师，每天坐在办公室里画图纸，而第三个工人则成为前两个工人的老板。

根据马斯洛的需求层次理论，只有能满足一个人需要的给予，才能成为激励他努力完成工作的动力。正好这三个工人的需求等级和马斯洛的需求层次理论在结构形式上是一致的。首先，人的需要能够影响他的行为，只有未满足的需求才能影响行为，已经满足了的需求不能继续充当激励工具，如第一个工人认为自己砌的不过是一堵墙罢了，由于砌墙的要求比较低，结果他就把墙砌得歪歪斜斜的；其次，人的需求按重要性排成一定的次序，形成层次性的结构，如第二个工人认为自己是在建造一幢房子，其要求高一些，因此他不敢怠慢，中规中矩地把墙砌好了；最后，当人某一级的需求得到满足后，才会追求高一级的需求，如此逐级上升，成为继续努力的内在动力，如第三个工人认为自己在建设一座城市，其要求就更高了，因此他把墙砌得平整笔直，近乎完美无缺。人的需求层次是一种“内在缺乏”的激励，而另一种“外在目标”的激励，则符合弗鲁姆所提出的期望理论。

期望理论又称作“效价—手段－期望理论”，是管理学上的一个重要理论。这个理论可以用公式表示为“激发力量＝期望值×效价”。在这个公式中，激发力量指调动个人积极性、激发个人内部潜力的强度；期望值是指根据个人的经验判断达到目标的把握程度；效价则是指所能达到的目标对满足个人需要的价值。它说明了人的积极性被调动的大小取决于期望值与效价的乘积。也就是说，一个人对达到目标的把握越大，估计达到目标的概率越高，激发起的动力越强，积极性也就越高。从上面所讲的故事来看，经理漫不经心地对第一个工人说“我们要砌一道墙”，低的期望值乘以低的效价当然无法激起工人的内部潜力，十年后，工人的命运是继续砌墙。而经理豪情万丈地对第三个工人说“我们要建设一座美丽的城市”，高的期望值乘以高的效价就激发了工人极高的内部潜力，十年后，工人竟成了前两个工人的老板。这说明：假如一个人把某种目标的价值看得很大，估计能实现的概率也很高，那么这个目标激发动机的力量越强。所以，领导在管理工作中运用期望理论来调动下属的积极性是有一定意义的。

创新箴言：激发力量＝期望值×效价。

物质需要是每一个人所必需的，而经济奖励是一种重要的激励手段。对于福利，可能每个教师都希望能多一点，但学校的财力有限。作为一名管理者，我深感年轻教师的成长不能长期依靠物质的刺激，而应该在精神上加以激励。

首先，在需求和目标上让教师明确三点：第一，工作能提供给他们真正需要的东西；第二，他们需要的东西是和绩效联系在一起的；第三，只要努力工作，就能提高他们的绩效。

其次，激励机制不应只是停留在给予赞赏、表扬或荣誉上，而应体现在赋予教师更大的权力和责任上，使教师意识到自己是组织中的一员，更好地发挥积极性、能动性和创造性。学校有一位年轻教师，业务能力很强，我认为他很有潜力，就重点培养他。一有公开课，就让他去上；一有棘手的难题，就让他去处理；一有研究课题，就让他去承担……自然地，要评什么荣誉，也让他积极参加。渐渐地，他从一名普通教师成长为学校的骨干教师，现在已担任政教处主任一职。由于我在机制上进行了大胆的创新，为教师们提供了发展的机会和平台，所以，才能更大限度地促进教师的成长。

最后，即使无法赋予教师实际的权力和职位，我也通过给教师设立远大的目标来发挥激励的作用。只有设法从行为本质上激起教师的教育热情，才能使他们的工作变得更有意义，从而提高他们的工作效率。我为教师提供了多种多样的荣誉评选活动，让大家为了荣誉而努力工作。如每年的三八妇女节，学校会评选一批“巾帼女教师”；五四青年节，学校会评选一批“优秀青年教师”；等等。

二、学生：心灵疏导

我曾经提出一个鲜明的观点：“教者要像医者那样，对症下药地对学生进行心灵疏导和德育感化。”从这个观点中，我们可以看到，在管理学生上，更多的是从心理学的角度出发，通过细心理解、精心辅导，来使更多的学生成人成才。

有一天，我了解到高一有一位女生家里非常贫困，交不起学费。她出生在一个农民家庭，出生不到三个月的时候，父亲因吸毒而坐牢，母亲离家出走。从此，她就与爷爷奶奶相依为命，过着非常穷苦的生活。读小学的时候，她跟人学“赶海”，等到潮水一退，就冲下去捡海螺，常常弄得双手红肿，痒得难受。后来，她又跟村里的人到珠三角去打工，她做过酒店的洗碗工和端菜服务员，也在工厂的流水线上做过组装人员。无论有多苦多累，她都一笑而过。打工赚到的钱，她一分都舍不得花，一部分拿给家里做生活费，一部分留给自己做学杂费。我了解这一情况后，决定减免她的学费，还从自己不多的工资中拿出一些钱资助她。

在减免学费上，我做了一个大胆的举动——成立教育基金会。我曾成立过一个叫“春雨”的基金会，是专门扶持贫困生的。后来，我觉得仅仅成立一个这样的基金会还不够，就决定再成立一个基金会，叫“清华园”基金会。这个基金会的影响范围更大，除了扶持贫困生之外，它还奖励学优生。在资助的形式上，我充分尊重学生，不提“给”，而提“借”。因为对于纯粹的“给”，学生会感到非常大的压力；而“借”就有很大的不同了。我提出的“借”很有意思：第一，将来学生愿意还就还，不愿意还就不用还；第二，学生有能力还就还，没有能力还就不用还。这样一来保护了学生的自尊心，二来更好地培养了学生的感恩之心，相信曾经获得资助的学生永远都不会忘记母校的恩情。

在很多人看来，学校这样做不是很亏吗？但我不这么认为，我觉得办教育是一项造福千秋万代的事业，正所谓“十年树木，百年树人”。如果教育者把眼光紧盯在现在，而不是未来，这样的教育是可悲的。因为教育的回报不是现在，而是在于未来。2008年，《东方早报》以教育时评的形式报道“哈佛校友为何有48%的捐款率”。在美国，不少名校的校友捐赠率为30%～40%，普林斯顿大学的校友捐赠率排名第一，高达61%，哈佛大学的校友捐赠率为48%。校友捐赠率是按每年捐赠校友人数占校友总人数的百分比来进行计算的，以此衡量校友对学校忠诚、热爱和感激的程度，反映校友对母校教育成功的认可。如何创造学校的未来？我以独到的眼光成立教育基金会，以生为本，让学生在学校既获得知识，又享受关心和尊重，因此他们在事业有成后也愿意回报母校、回报社会。

虽然这位女生的学杂费问题得到了解决，可生活费还是个问题。于是，我就去向食堂负责人说明情况，问能否为她在课余时间提供一个工作岗位，以解决伙食问题。食堂负责人欣然同意。

有一天，这位女生突然间晕倒了，被班主任送去了医院。当我去看望她时，她执意要出院。她说："我没事，又要花您那么多钱，不好意思。我要出院。"我安慰她说："你放心，学校会帮你解决这笔费用。现在不是我说了算，而是医生说了算。他说你没事了，可以出院了，才可以出院。"医生说她是因为长期缺乏营养，加之学业负担重才导致晕倒。我听后，急在心里。她出院后，我又加大了对她的资助力度，并不时关心她的生活和学习情况，尤其是高考前夕，对她的状态更为关注。在我的帮助下，她顺利考上了大学。

在教育事业方面，需要人们有更多这样的善举。或许，就是因为我这样的善行，很多学子的命运得以改变。

三、工会：人文关怀

为了更好地保护教师的权益，很多学校都设有工会这样的管理机构。我认为学校应对教师给予关心，工会的作用就是让教师在学校体味到幸福。我让工会制定了"三大政策"：第一，生日祝福。每一位教师过生日当天，工会会代表学校为该教师准备蛋糕，表示关心和祝福。第二，喜事祝贺。如果有教师要办喜事，工会会代表学校前去祝贺。第三，白事安慰。如果哪位教师家里办白事，工会会代表学校前去慰问，让教师在伤心时能感受到学校的温暖。这形成了学校的一种人文关怀制度。

学校有一名教师不幸得了脑瘤，需要大笔的医疗费。根据报销制度，这笔费用大部分得由该教师自己承担。听闻这个消息，我马上动员全校师生捐款，共捐了 8 万多元，使这位教师的手术得以顺利进行。后来，他康复出院了，要求回到学校上课。我知道，手术过后，他需要好好休息，于是对他说："你可以来学校上课，也可以在家里休息，我们尊重你的意见。你如果想做事，学校就安排一些比较轻松的工作给你。"他听后感动不已，从内心更加热爱学校、热爱工作。现在，这位教师身体康复得很好，在学校快乐地工作着。

作为上级，应对下属给予人文关怀。只有这样，管理才能贴近人性、达到合理，才能激发人的工作潜能、提高工作效率。此时，需要明确一点，人性化管理绝不等同于讲人情。当你在工作中出错时，你的同事、上司、朋友没有指出你的错误，没有告诉你其中的危害，反而拍着你的肩头说没事，为你隐瞒事实，这是讲人情。而人性化管理虽然允许你在工作中出错，但是会告诉你这样做是错的，会带来什么样的危害，你应该怎么做会更好。在管理工作中，讲人情是不允许的，因为它往往会给管理带来糟糕的结果；而人性化管理是应该的，因为它会让你的管理更能赢得人心，从而有利于提高工作效率。

策略三　灵活处理，敢于担当

在学校管理中，难免会遇到"顺得哥情失嫂意"的情况，这就相当考验管理者的应变能力和公关能力。

前几年，主管部门要求所有学校必须对教职工的上下班实行打卡考勤。我认为打卡考勤是一项很好的管理制度，但是在执行上可以灵活一点。考勤应该更多地从人性化的角度去考虑，这样既可以考查教师的工作，又可以执行上级的制度。

如何做到这一点，既要不违背上级的制度，又要顾及教师的情感，想之又想，我采取一种比较灵活的处理方式。

首先，学校每周一上午举行升旗仪式，下午召开教工例会，要求全体教师都要参加，而每位出席的教师都要打卡，以此作为考勤的重要部分；其次，对于班主任的考勤，每天都要求打卡；最后，对于辅导学生早读、晚自习等活动的教师，原则上要求按时出勤，由年级组长负责考勤。考虑到一些怀孕或孩子幼小的女教师需要更多的关爱和照顾，于是，学校准许她们申请请假。

这样一来，学校不仅能够保证有特殊情况的教师得到照顾，也能通过严格的打卡制度加强考勤管理。大家非常赞成这种人性化的管理方式，变得更加自觉，一般不轻易请假。这就体现了建立灵活机制的好处。

其实我的这种处理方式在管理学上叫作“不值得定律”。“不值得定律”是指当人们觉得这件事情不值得做的时候，就不会花很多心思认真做好。当教师确实有事，但又受死板的打卡制度所约束必须来学校的时候，他们无法全身心地投入工作中，与其这样，不如变通，让大家处理好自己的事情，再把心思全部投入工作中。这样不仅能提高大家的工作效率，也能促使大家多为学校考虑。这种灵活处理的方法，最终达到了双赢效果，何乐而不为呢?

我还创新性地邀请家长参加学校管理，比如，安排有条件的家长到学校值班，每日轮换，这样不仅使家长对学校有更加全面的了解，也使家长更加放心孩子在学校的学习和生活。这种灵活的管理机制，既充分调动了家长的积极性，又加强了学校的管理力量，同时更好地实现了家长与学校的有效沟通。

在学生管理上，我推行自主管理模式，建立和实施学生自我管理的四大管理系统，包括目标管理系统、时间管理系统、情绪管理系统以及能量管理系统。这四大管理系统促使学生学会管理自己，提升了学生的自我约束能力与自我管理能力，不仅使学生能够主动学习，提高了学习积极性，同时培养了学生独立自主的生活能力。

这种灵活应对外部机制的方法，叫“灵活处理，敢于担当”。具体实施时，要注意以下三点。

第一，上下有别，大局为重。对于上级领导的决策，下级不能违背，即使有不同的意见，也要在合适的时机提出来，不能直接否定领导的决定。

第二，用事实说话。事实胜于雄辩，有时候对领导解释再多，不如用行动证明来得实在。

第三，敢于为下属担当。这是最重要的一点。与下属遇到困难时，领导首先要挺身而出，勇于担当义务；当下属犯错误时，领导也要挺身而出，敢于承担责任。这样，才会令下属更加信服你、支持你。

由于我做到了以上几点，所以在外部机制的压力中，我的管理反而更为顺畅和有效。有时候，外界的压力越大，下属越能看到我的胸怀和境界，我的人格魅力也更加凸显，从而使我逐渐成为大家信赖的校长。

第六章

思想创新：别样的想法

生活中不乏各种思想，我们如果善于捕捉其火花，就会拥有人生利器。那么，当影响生命轨迹、转瞬即逝的思想出现的时候，怎样才能抓住它，不让它溜走呢？

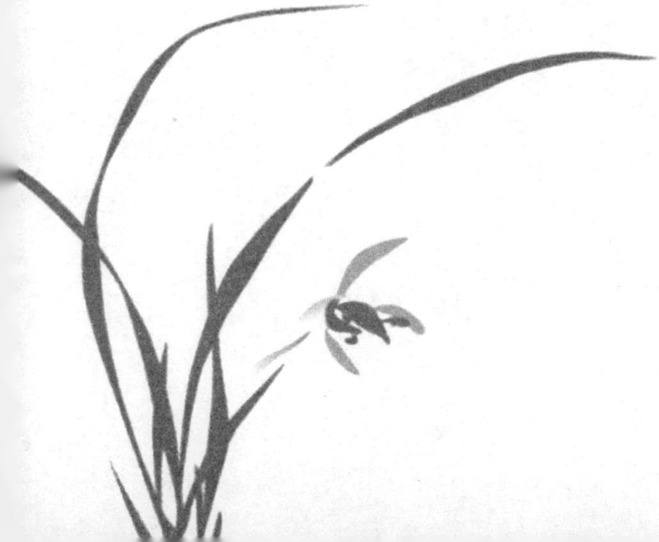

美国宣传奇才哈利十五六岁时，在一家马戏团做童工，负责在马戏场内叫卖小食品。但每次看的人不多，买东西吃的人更少，尤其是饮料，很少有人问津。有一天，哈利的脑瓜里产生了一个想法：向每一个买票的人赠送一包花生，借以吸引观众。但老板不同意这个“荒唐的想法”。哈利用自己微薄的工资做担保，恳求老板让他试一试，并承诺说，如果赔钱就从他的工资里扣，如果赢利自己只拿一半。于是，以后的马戏团演出场地外就多了一个义务宣传员的声音：“来看马戏，买一张票，送一包好吃的花生！”在哈利不停的叫喊声中，观众比往常多了几倍。观众们进场后，哈利就开始叫卖起饮料。而绝大多数观众在吃完花生后觉得口干时都会买上一杯，一场马戏下来，营业额比以往增加了十几倍。

在日常生活中，我们总认为那些“奇特的想法”不可能实现，但是往往很多时候就是这些“奇特的想法”给我们带来了意想不到的良好效果。在学校管理中，我也有过一些“奇特的想法”。

创新箴言：在日常生活中，我们总认为那些“奇特的想法”不可能实现，但是往往很多时候就是这些“奇特的想法”给我们带来了意想不到的良好效果。

首先，抓学生的思想道德教育，要从“孝”字着手。我定出了“孝亲尊师，赞美鼓励”的校风，把“孝”放在了第一位。

中国有句老话，“百善孝为先”，意思是说孝敬父母在各种美德中是居第一位的。如果一个人对父母都不孝敬，那么就很难想象他会去爱他人、爱社会、爱国家。

《孟子·梁惠王上》中说：“老吾老，以及人之老；幼吾幼，以及人之幼。”强调我们不仅要孝敬自己的父母，还应该尊敬别人的老人；不仅要爱护自己的子女，还要爱护别人的孩子。在母亲的影响下，我是一个深受儒家传统文化熏陶的人，一直推崇灿烂辉煌的中华文化。如何把传承文化与学校管理相结合，创新学校发展思路，这是我一直在积极探索的课题。在学生的思想道德教育中注入“孝”的因素，便是一项有效的举措。

其次，抓学生的行为改变，要从教师的行为规范着手。我认为，学生行为的改变不是教师逼出来的，而是受教师的影响的。要改变学生，就要先改变教师。我为教师量身定做了一套“师风”——传道授业，诲人不倦，言为世则，行为世范。除此之外，还制定了一些规范教师言行的细则。教师举止文明，学生深受其影响，行为也更加得体。

有一天，我在家访时看到了不可思议的一幕：一对母子正在吵架，吵得十分激烈。突然，男孩把母亲打倒在地，转身就跑，母亲倒在地上痛哭。男孩只有十来岁，正在读小学，他不好好学习，反而殴打母亲，真是令人痛心疾首！

面对这样的问题，我深感抓文明礼仪教育，促学生行为转变的重要性。

策略一　先是成人，后是成才

在我看来，“德”比“才”更重要，也就是说成才先成人，树人先树德。

20 世纪 60 年代，陈毅元帅讲了一段令人深思的话，大意是，一个空军飞行员，如果开不好飞机，总是不好，然而飞机开得再好，开到敌人那边去了，反过来打自己的国家，那就很糟了。这段话与司马光在《资治通鉴》里分析智伯无德而亡时写的“才德全尽谓之圣人，才德兼亡谓之愚人，德胜才谓之君子，才胜德谓之小人”不谋而合。

人才，就是先成人后成才。先成人就是指具有良好的道德品质，也就是司马光说的“德”。关于成人与成才，我们不妨先看一个故事。

中央电视台《东方之子》栏目曾经播放过陈章良博士的一个节目。当记者问及他是怎样走上成才之路时，陈章良博士却意外地说：“我并不聪明过人。”他在学术上取得一些成就，主要得益于他很能吃苦、勤奋、有志气，而这些做人的良好品质主要是受幼年时期家庭的影响而形成的。小时候他常听母亲说：“我们人穷志不短，穷要穷得有志气、有骨气。”他说：“这是家庭留给我的唯一财产。”陈章良从小跟随父亲下海打鱼，每当他回顾那段成长的岁月时，他都自豪地说：“童年时的劳动给了我许多、许多……”原来，在他走上成才之路前，家庭培养了他不少做人的良好品质。孩子的心灵是一块神奇的土地，播上思想的种子，就会获得行为的收获；播上行为的种子，就能获得习惯的收获；播上习惯的种子，就能获得品德的收获；播上品德的种子，就能得到命运的收获。教育孩子就像种庄稼一样，只有播种才能有收获。当然播种不同的种子，就会有不一样的收获。有人问一位诺贝尔奖获得者：“您在哪所大学、哪个实验室学到了您认为是最主要的东西?”得到的回答却是在幼年时期受到了良好的品德和行为习惯方面的教育。

创新箴言：教育孩子就像种庄稼一样，只有播种才能有收获。

古人讲究“三不朽”：“太上有立德，其次有立功，其次有立言，虽久不废，此之谓不朽。”“立德”是指要树立德行，“立功”是指要建立功业，“立言”是指要创立学说。这三者可理解为人生的三个最高标准，也可以说是成功人生的“三部曲”。“三不朽”把“立德”放在首位，说明了做人是做事情和做学问的根基。因此，我提出了“以德立校，以智强校，先成人后成才”的办学理念。

为了更好地让学生学会先做人再做事，我提出了不少创新的思想。

其一，“三拜”孔子。一拜孔子学礼仪。荀子说：“人无礼则不立，事无礼则不成，国无礼则不宁。”我国有“礼仪之邦”的美誉，我们的学生更要学礼仪、知礼仪、懂礼仪和用礼仪。二拜孔子学做人。孔子是千古圣人、万世师表，我们要向孔子学做人。三拜孔子学读书。《论语》是记录我国传统文化思想的重要典籍，对于人们“修身、齐家、治国、平天下”有着重要的影响，自古以来就有“半部《论语》治天下”的说法。所以，我们要向孔子学读书。

其二，“三道”思想。一是天道。以生为天，亦叫生道。学校时时刻刻以生为本，为学生着想，为学生排忧解难。教师的职责不仅仅是向学生传授知识，还要服务、关爱和尊重学生。二是孝道。“百善孝为先”，懂得孝敬父母的学生，也懂得感恩他人。三是师道。能被学生尊重、爱戴，相信教师也会为自己的付出感到欣慰。学生尊重教师，教师尊重学生，从而形成一种和谐融洽的师生关系。

其三，“三无”管理。一是地面无垃圾，二是餐桌无剩饭，三是内务无杂乱。

此外还有“三多”习惯，即多微笑、多问好、多行礼；“三百”诵读，即熟读一百句经典名言、研读一百首经典古诗、精读一百篇经典古文。

策略二　巧借东风，引进人才

说到巧借东风，我们不禁会想到《三国演义》中诸葛亮借东风的故事。当时孙刘联军面对曹操百万大军，军事力量完全处于劣势，虽然诸葛亮与周瑜很早就制定了火攻曹营的完美计划，但是连日来总是刮西北风，用火攻不但烧不着北岸的曹兵，反而会烧到自己。周瑜为此闷闷不乐，病倒在床上。诸葛亮知道后给周瑜开了个“药方”，周瑜打开一看，只见上面写着："欲破曹公，宜用火攻；万事俱备，只欠东风。"周瑜便问诸葛亮有何办法，诸葛亮说他能借来东风，他让周瑜为他搭起高九尺的七星坛，然后自己在坛上做法。几天之后，果然刮起了东南风。

在学校创建之时，我同样遇到了"万事俱备，只欠东风"的问题，那就是组建优秀的教学团队。由于学校刚刚创办，其他学校的教师一般都不愿意来。眼看秋季就要开学了，而教学团队还没组建起来，这令我非常苦恼。面对难题，我没有自乱阵脚，而是采用了多种策略，除了聘请、抽调、招新之外，还大胆采用"借"的方法。

既然其他学校的教师按常规方式不肯调过来，那么就得另辟蹊径了。首先，我对愿意被借过来的教师做出承诺："我借你过来教书，三年后，你可以根据自己的意愿选择去留，你想回去就回去，想留下就留下。"其次，我请求市教育局保留"借出"教师原来岗位的待遇，同时给予教师新任岗位的待遇，即给来我校教书的教师双重待遇。最后，我还采取"攻心为上"的战术，不断关心"借来"的教师，和他们谈心，鼓励他们换一种方式思考，到新的岗位大胆尝试，一展身手。

在管理上，我用了一个高明的策略，叫"巧借东风，引进人才"。需要指出一点，管理者在运用这个策略时要避免一种"据为己有"的私心。我们都知道"千军易得，一将难求"，当管理者遇到好的人才时，千万不能因为觉得"借"得不易，就想将人才控制在手。可能这一念之私，就使学校的发展陷入举步维艰的境地。在日常生活中，人们是讲究"有借有还，再借不难；有借无还，再借就难"的，理解了这一点，就掌握了"借"的主动权。

所以，我在"借"教师时，就明确提出，"三年后，你可以根据自己的意愿选择去留，你想回去就回去，想留下就留下"。可三年后，除了一两个教师回去之外，其他教师都留下来了。因为我在"借用制度"上深谙"引为己用"而不是"据为己有"的道理。管理者若能将卓越人才引为己用，不仅令人才心甘情愿地为你服务，还会获得整个团队给你的帮助。正处于发展中的学校不妨也“巧借东风，引进人才”，创新性地进行人才使用。

创新箴言：管理者若能将卓越人才引为己用，不仅令人才心甘情愿地为你服务，还会获得整个团队给你的帮助。

策略三　社团建设，培养人才

我不仅在学生的培养目标上与别人不太一样，在对学生的培养方式上也有自己独到的见解。

学校的社团活动“百家争鸣，百花齐放”，这在大学校园里不算罕见，但如果在中小学的校园里出现，就显得有点不一般了。因为一般的中小学都追求升学率，如果学生搞社团活动，就担心他们的学习会受到影响，所以大多数中小学都不敢搞社团活动，目光只聚焦于分数、成绩、升学率，整个校园呈现出“一潭死水”的景象。而我不但不禁止学生搞社团活动，反而提供人力、物力和财力，鼓励学生组建社团，并努力把学生社团打造成校园的一道风景、学校的一张名片。同时，学校还为社团活动创造环境，规定每周二下午为社团活动时间，教师要积极参与学生的社团活动。于是，学校涌现出各种各样的社团组织，如学生会、文学社、书法兴趣小组、摄影兴趣小组、科技制作小组、礼仪队、志愿者组织、科技协会等，最多时有 40 多个学生社团。

学校出现这么多社团组织，会不会影响学校的升学率呢？我可以自豪地说：“不会。最直接的证明是学生的高考、中考成绩一年好过一年，最有力的证明就是逐年提升的办学质量和社会声誉。”说到这里，我不得不提廉江市第一中学合唱团在香港国际青少年合唱节斩金夺银的事。

2013 年 7 月中旬，我带着学校的合唱团共 40 人前往香港参加第四届香港国际青少年合唱节，准备与世界一流的合唱团同台竞技。当时我们根本就不敢想得奖的事情，只想尽最大的努力做到精益求精，利用这个机会跟其他优秀的团队进行交流互动，同时开阔自己的视野。当你并不在意结果而一心专注于在过程中付出努力时，幸运女神就会垂青于你。结果，我们的合唱团荣获小组合唱金奖、混声合唱银奖，也成为省里唯一获此佳绩的中学生合唱团。

在接受国际顶尖音乐大师的颁奖后，中央人民政府驻香港特别行政区联络办公室的两位领导亲切地接见了我们，凤凰卫视等媒体对我们进行了报道。我表示，合唱团在成立短短 5 年的时间里迅速成长，每次参加大型合唱比赛都取得了不错的成绩，今后合唱团要参加更多的国际音乐文化交流活动，让学生增长见识，提高演唱能力。这次比赛之所以能取得成功，主要取决于两点：第一，有目标，有追求，希望能与国际高水平团队交流，开阔视野；第二，摆正了心态，即使不一定会获奖，也尽最大的努力做到精益求精，展现自己的风采。从中可以看出了我不仅有“闯”的劲头，还有“创”的精神。

合唱团是学校致力打造的社团之一，而另一个社团——女子足球队则更具传奇色彩。这支队伍既是代表市参加省级比赛的主力，又是省足球队挑选苗子的生力军。

外出考察的时候，我发现一些学校不是致力于开展男子篮球训练，就是大抓田径运动。我想，如果我们也搞男篮、田径等运动项目，还有什么特色呢？于是，我另辟蹊径，成立一支很少人重视的女子足球队。很多人对此感到不解，为什么成立的是女足而不是男足呢？我的回答是，第一，女性的大脑反应速度比男性快；第二，面对发出的信息，最先收到的是女性而不是男性，因为女性比较敏感；第三，女性的语言表达能力比男性强，在辩论中女性往往容易胜出。基于对女性这些特质的考虑，我决定成立女子足球队，还提出了一个奋斗目标——成为市里数一数二的足球队，并且要送一些学生到省足球队去。

机会总是留给有准备的人。2015 年 8 月 15 日，在第十四届省运动会女足（学校组）决赛中，我校女子足球队夺得冠军。

在本次比赛中，我校女子足球队的队员们表现出色，不仅灵活运用战术，而且拼抢积极，精神顽强，为廉江市第一中学女子足球的发展立下新功，也为学校进一步推进素质教育赢得了一张新名片。

目前，这支女子足球队多次代表学校参加省、市级比赛，并获得不俗的成绩。如今，面对教育部等部门新出台的《关于加快发展青少年校园足球的实施意见》，这支颇具实力的女子足球队又会面临怎样的发展机遇呢？我们拭目以待。

社团活动给学生带来了无限的生机与活力，也为培养创新型人才提供了平台。其实，这在管理学上叫“协同效应”。什么是“协同效应”呢？简单地说，就是“1＋1＞2”的效应。协同效应可分为外部协同和内部协同两种情况：外部协同是指一个集群中的团队由于相互协作共享特定资源，因而将比作为一个单独运作的团队取得更高的效益；内部协同则指学校培养人才的不同环节、不同阶段、不同方面共同利用同一资源而产生的整体效应。最能说明“协同效应”的是“校园之声”广播站。广播站不仅是校园里一道亮丽的风景线，而且是学生梦想起航的一个驿站。广播站直接与廉江市电视台对接，学生因此有更多的机会进行观摩学习，获得了“1＋1＞2”的效果。

我认为，创新不是一件容易的事情，既要有与固定思维、传统思想、世人眼光不同的想法，又要有经得起折腾、经得起挫折、经得起磨炼的实力。所谓“不忘初心，方得始终”，说的就是这个道理吧。

第七章

创新特质：管理学的核心

有人说：“一个好校长就是一所好学校。”一个勇于追求卓越的校长，可以让一所薄弱学校起死回生；相反，一个平庸的校长，则会让一所优质学校每况愈下。显然，校长的成长速度和质量决定了一所学校的成长速度与质量。换言之，学校的发展和校长身上所具备的创新特质具有紧密的联系。那么，作为学校管理者的校长应具备哪些创新特质呢？

《大学》里有一句话，叫“日日新，苟日新，又日新”。创新是在传统的基础上进行的，是“温故而知新”，是用“变易”的方法来承载“不变”的精神主题。可以说，恒定不变的是规律，永远变化的是方法。

创新箴言：创新是在传统的基础上进行的，是“温故而知新”，是用“变易”的方法来承载“不变”的精神主题。

管理创新如何实现呢？这里举个例子，在第三次中东战争中，有这么一则耐人寻味的故事：战争之初，以色列兵分三路向埃及进攻，时任以色列作战部队师长的沙龙率部负责从中路进攻阿布奥格拉，尽管埃及在该地区做了极其完善的防御措施准备，还是被沙龙率部一举攻破，并俘虏了埃及守军旅长纳比。沙龙与纳比进行了一番意味深长的交谈。

“你的部队为什么垮得这么快？”沙龙问。

“原来我认为我们的坚固工事能挡住你们的前进，可是没想到很快被你们攻陷了。从某种意义上说，我们的精神准备不足，已经垮了。”

沙龙问道：“在战争爆发前，你都与部下讨论些什么呢？”

纳比一听觉得很奇怪：“与部下讨论？我从来没有想到过要和部下讨论什么。”

“这就是你们打败仗的原因。垮掉的不是你的军队，而是你这个指挥官。我和我的部下曾就将要开始的战争以及如何进行战争等问题进行过多次详细讨论，我十分尊重我的部下，而你轻视手下的官兵。我们的军官从来不对士兵说‘给我上’，而是说‘跟我来’。”沙龙的这番话令纳比无言以对。

沙龙所运用的策略在管理学上叫作“坎特法则”。尊重团队成员是人性化管理的必然要求，是回报率最高的感情投资。管理者要经常与团队成员进行真诚的交流，让成员学会对工作负责，自己主动承担工作，提高自我管理水平，最终满足成员自我实现的需求，以达到共同进步、共谋发展的目的。尊重师生是校长应该具备的职业素养，而且是获得师生尊重的一种重要途径。

我注重采用人性化管理的方式，学校的发展非常平稳和快速。那么，除了尊重、平等、公正的管理创新之外，还有哪些创新特质值得大家借鉴呢?

特质一　激情加上梦想

最有价值的人生是激情与梦想的交织。拥有激情，也就拥有了真实而丰富的人生；有了梦想，人生就有了前进的方向和不竭的动力。一个人可以遭受挫折，可以忍受孤独和不幸，也可以承受失败的苦痛，但不可以磨灭激情、失去梦想。激情和梦想，让前面的道路变得格外宽广，让我们的步伐变得坚实有力，让这个世界变得丰富多彩。

刘谦从小就树立要当魔术师的梦想，虽然身边的人都不理解他，甚至嘲笑他，但他依然朝着魔术大师的道路不断探索、奋进。有人问他成功的原因是什么，他回答，就是小时候那个被人嘲笑的梦想。的确如此，有了梦想，生命就会调动所有的激情去为之努力，你的人生才会是有意义的。

我也像刘谦一样，是一个有了梦想就会不计一切努力去奋斗的人。在我的家族里，我是第一个考上高中的。当时的生活很贫苦，我一个星期只有一块钱的生活费。从家里坐火车到学校要花三毛钱，来回一趟的车费就要六毛钱，每天早餐要花五分钱，六个早上就要三毛钱，这样一算，我一个星期的零用钱就只剩一毛，也没有多余的饭钱了。所以，我从家里带米到学校，自己蒸饭，再带一罐子自家腌制的萝卜干，每天在学校吃的就是萝卜干加米饭，基本上没吃过青菜和肉。这样一直坚持到高一的第二个学期。因为基础差、生活苦，我一直感到学习很吃力，就不想坚持下去了。有一次放假回家，我就直接跟父亲说自己不想读书了，要退学。父亲问我什么原因，我说想出去工作，帮家里减轻一点儿负担。父亲听了非常生气，举起手就打了我一巴掌，说了一番至今仍令我感动的话："我们祖祖辈辈都没有一个人读到高中，你是唯一一个。我们把希望都寄托在你身上，你不能辜负我们的期望啊，你要为我们一家争气！只要你肯读书，不管多么困难，我都会供你读书。"父亲的一巴掌打醒了我，激起了我考大学的决心。

我是一个行动力很强的人，既然明确了目标，那就必须为实现目标而努力奋斗。我做的第一件事就是解决转班问题。因为我在高二第一个学期就进了理科班，第二个学期一开学，我就主动跟文科班的班主任说："我要读文科。"班主任黄老师听了连忙拒绝："不行，分科已经一个学期了，你现在要求插进来，学习怎么跟得上？"黄老师不同意，我就天天去找他。最终黄老师被感动了，对我说："我可以让你插进我的班，但是你只能坐在最前或是最后的座位，而且是自己一个人坐，班里的座位都排好了，我不会为你而调动班上的座位。另外，我只是给你一个尝试的机会，你要是不能好好学习，遵守纪律，或者学习跟不上，你就得回到原来的班级，听懂了吗？"早已下定决心学习的我，向黄老师保证我一定会努力学习的。我明白大学不是那么容易考得上的，更何况自己的学习基础那么差。"勤能补拙"，这时的我比任何时候都明白这个词的意义，也更加努力、勤奋、拼搏地学习。为了打好学习基础，我一边学习高中课程，一边复习初中阶段学习的知识。正是因为我坚定了自己的选择，用毅力坚持着，用激情拼搏着，最终实现了上大学的梦想。

工作后，我决心满腔热情地全身心投入教育事业。同时，我为自己制订学习计划，坚持每天学习一点点、进步一点点，在业务方面不断地提升自己。就这样，我从教师做到政教处主任、副校长，进而当上校长。我一直严格要求与鞭策自己，最终成为廉江市十大优秀校长之一。

特质二　兴趣加上钻研

一分耕耘，一分收获，个人的努力对进步起决定作用。要成为优秀管理者、成为教育专家，就离不开对专业的钻研。兴趣是成功的动力，而钻研则是萌生兴趣的源泉。我之所以能做到孜孜以求、潜心管理，数十年如一日地锲而不舍、持之以恒，可以说兴趣起了非常大的作用。从“要我管”到“我要管”的关键，首先在钻研。钻研—兴趣—再钻研，形成良性循环，管理创新也水到渠成。

所有伟大的发明都离不开兴趣与钻研，兴趣是块敲门砖，而钻研则是决定最后这项发明是否能成功的一个重要因素。牛顿从被一个从树上掉落的苹果砸中脑袋，到最后发现万有引力定律，就是从兴趣开始，进而刻苦钻研，从而获得成功的。爱迪生说：“天才，百分之一是灵感，百分之九十九是汗水。”这也印证了兴趣再加上钻研的重要性。

我受母亲的影响很大，从小接受儒家文化的浸润。母亲的孝顺、勤劳、善良、刻苦耐劳，给我最深远的影响是“孝”。在教育管理中，我对中华传统文化教育有着浓厚的兴趣，并开展了一系列的研究。在我的主持下，“语文教学中弘扬传统文化的途径”“德育创新与特色发展校本研究”等课题获得了深入研究，出版了《读〈论语〉学做人——让青少年受益一生的儒学智慧》等著作；同时，我还倡导以丰富多彩的文化活动，将传统文化植根在学生的心中。具体做法，突出五个字。

第一，突出“读”字。学校每个新学年都开展读《论语》《弟子规》等国学经典的文化活动。通过读经典、背经典，让学生与经典面对面，感受博大精深的中华传统文化。

第二，突出“看”字。由班主任组织，每月安排一节班会课，利用教学平台播放《感恩》《母亲》《天下父母》《母慈子孝》《让生命充满爱》等教育视频，引导学生关爱生命、珍爱生命，学会尊重、感恩与奉献。

第三，突出“听”字。学校利用“校园之声”广播站定期为大家推出有关中华传统文化的相关节目，营造一种文化氛围。通过举办传统文化知识讲座，让学生在经典解读中剖析人生、拓宽思路、提升境界。

第四，突出“说”字。每周一升旗仪式结束之后，开展学习《论语》《弟子规》等国学经典的心得体会的专题演讲。

第五，突出“行”字。在每年的孔子诞辰日（9月28日），组织全校师生“三拜孔子”，通过“诵经尊孔学做人”使学生养成“知书达理成大业”的志趣。

优秀的中华传统文化，对于学生素质的提升和道德情感的养成有着重要的作用，也对教育评价观念的更新发挥了重要作用。我认为，评价学生不能以分数为唯一标尺，而应更多方位、多元化、多层次。教育评价是一项系统工程，首先得转变观念。有一次，曾任芝加哥大学校长的罗伯特·梅纳德·哈金斯谈到如何取得成功时，他说自己一直遵照一个忠告，那就是按照已故的西尔斯公司董事长罗森渥德告诉他的那样去做——“如果只有一个柠檬，就做柠檬水。”

这个从柠檬到柠檬水的过程，就是个体运用自己的聪明才智不断钻研的过程。有了兴趣，有了不断钻研的精神，就能从无到有，“变负为正”。

伟大的心理学家阿尔弗雷德·阿德勒毕生都在进行关于人类行为与人类潜能的研究，他认为人类最让人惊讶的能力，就是“变负为正”的能力。美国佛罗里达州有一个农夫，花了许多钱买下一块土地，但是这块土地太贫瘠了，种不了任何农作物，矮灌木丛中还藏着许多响尾蛇。他刚开始很沮丧，然而很快就想出了一个主意，决定在这块恶劣的土地上大量饲养响尾蛇。这样的做法令许多人都大跌眼镜，但每年都有数以万计的游客慕名前来参观响尾蛇农场。他的生意做得很成功，养殖场的响尾蛇取出来，蛇毒被运送到各大药厂去制作成防蛇毒的血清；蛇皮则以高价卖给皮革商，做成女人的鞋子和皮包；蛇肉罐头远销世界各地。后来，这个村子为了纪念这个农夫，把村名改为了“佛罗里达州响尾蛇村”。

有时，仅仅是想“变负为正”，也会激励我们继续向前看，而不是倒退回去。正是因为我有为了兴趣而不断钻研的精神，这些年来，我在中华传统文化教育方面取得了一个又一个优异的成绩。我不仅把研究中华传统文化当作自己的兴趣，同时通过各种活动渗透给学生，也希望学习中华传统文化能成为学生的兴趣。

特质三　执着加上追求

从一名普通教师到政教处主任，再到校长，在30年的时间里，角色在转换，职位在升迁，促使我在教书育人、办学治校的道路上不停地思考、探索。办好一所学校，不是一朝一夕的事情，而应是一名校长一生不懈的追求。

说到执着追求，先给大家讲讲NBA“飞人”迈克尔·乔丹的例子。

乔丹曾带领芝加哥公牛队获得六次NBA总冠军，带领“梦之队”赢得两枚奥运会金牌，十次夺得赛季最佳得分选手，五次当选NBA最有价值球员……而事实上在高中的时候，他被教练认为不适合打篮球，甚至都没有进入学校重新调整过后的校篮球队名单。乔丹回忆说，发现自己被校篮球队除名的那天，他回家大哭了一场，但随后想到自己的梦想是要参加奥运会赢取金牌，所以他鼓起勇气请求教练允许他随队观看比赛，并表示自己愿意帮助参加比赛的球员拎行李，教练发现乔丹对成功的渴望十分强烈，便点头同意了。为了能够重回校篮球队，乔丹苦练球技，终于得偿所愿。从那以后，他更加坚持对梦想的执着与追求，勤学苦练，这才使他在后来的各种比赛中取得一次又一次的好成绩。

乔丹的故事告诉了我们什么呢？奇迹并不是突然产生的，而是在不断追求和奋斗后才产生的。同样的，教育管理上的创新，也不是一朝一夕的事情，而是一点一滴、不断坚持和追求的结果。

对于“山寨”一词，可能很多人认为这不是一个好词，因为它指的是对已经出名的产品的模仿。然而，很多伟大的产品恰恰是从模仿开始的。这种特殊现象叫作“山寨现象”，一些小作坊式的厂商往往以低成本、低价格的模式生产经营，在短期内获得可观收益。

在教学管理中，我就是从“山寨”开始的。当时，学校可谓四面楚歌，困难重重，我一时也想不到合适的方法去改革创新，所以，我就外出考察，看看别的学校是怎么做的，向别人“取经”。但我并不是单纯地复制和照搬别人的经验，而是根据学校的实际情况，进行消化、吸收，并利用已有成果，通过纵向、横向集成实现创新。

有一次我到福建某中学考察，发现该校的教学改革非常成功。回来后，我根据学校的实际情况，创新性地提出了“三导五步”教学方法。“三导”就是导学、导动、导练，“五步”就是复习铺垫、自主尝试、质疑问难、拓展应用、巩固训练。这是针对非毕业班的教学方法，而对毕业班则采用“三主三精”教学方法。“三主”就是以学生为主体、以教师为主导、以训练为主线，“三精”就是精题、精练、精讲。在平时的教学管理中，我抓“细、小、实”，而练习则抓“高、大、上”（“高”即测验试题的质量要高，“大”即考前的压力要足够大，“上”即测验的水平要上档次）。改革意味着要面对诸多阻力，我就是在顶着领导、教师、家长等各方的压力下，毅然坚定地实行教学方法上的改革与创新。在“三导五步”和“三主三精”教学方法的指导下，学校的教学质量有了稳步的提高。

通过这件事我们就能看到，我先模仿福建某中学的教学方法，然后结合本校实际提出“三导五步”和“三主三精”教学方法，这就是创新，这也是我在学校管理中所凸显的“人无我有，人有我新”的特色。

我们中国人经常讲要持之以恒、坚持不懈。没有行动的理想等于没有理想。所以，人一旦有了梦想，就要执着追求。对于一个教育工作者来说，教育是高尚的，教育不仅是一项事业，更是一种情怀，应该执着追求。孔子周游列国的故事就很能说明这个问题。

孔子年轻的时候读书很用功，并且胸怀大志，他希望自己恢复周礼的政治主张能被大国的国君重用。他周游了卫、曹、宋、郑、陈、蔡、楚等国，奔走了十四年，然而这些国家的国君都没有重用他，让他处处碰钉子。甚至有一回，孔子在陈、蔡一带，楚昭王打发人请他。陈、蔡的大夫担心孔子到了楚国，会对他们不利，便发兵在半路上把孔子截住。孔子被围困在那里，断了粮，几天都没吃上饭。后来，楚国派了兵来，才帮他解了围。历经了这么多艰难险阻后，孔子仍然没有放弃自己的理想。晚年时候，孔子通过整理文籍和教育学生来实现自己的政治主张，最终自成一家之言。

我以孔子为先贤榜样，深深为孔子历经艰难险阻，依然传道授业不息的精神所折服。对于自己所热爱的教育事业，我坚持不懈地追求，即使遇到再大的困难、再大的诱惑，也没有放弃。

有很多次，我都有走上仕途之路的机会，然而我都放弃了。曾经廉江市某法院向我伸出橄榄枝，请我担任一个很重要并且很有前景的职位，面对这样的诱惑，我考虑再三，最后还是委婉谢绝了。在我的内心深处，有一种独特的教育情怀。我希望为教育做点事情，为社会做点贡献，甚至不惜以毕生的精力去执着追求。

第八章

创新策略：提升整合力

作为校长，不仅要花很多精力处理学校的内部事务，还要用大量时间处理外部事情。这些问题如果解决不好，就会导致矛盾丛生。这就需要管理创新。怎样才能进行管理创新呢？在经过一番深思熟虑后，我决定整合学校内部和外部的所有资源，为学校的全面发展打下扎实的基础。

中国人有一句话，“人无远虑，必有近忧”。我很懂得这个道理，常常以“防患于未然”为戒。对于管理者来说，学校如何预防危机事件的发生、如何为危机事件管理做好准备、如何处理危机事件、如何进行危机恢复工作、如何对危机管理工作进行反思等显得十分重要。我对此非常清楚，所以当了十几年校长，最担心的就是安全问题。万一管理中出现疏忽、产生危机怎么办？大家能不能从容应对，能不能镇定化解，能不能恰当处理？这是让我最担心的一件事情。

为了加强学校的危机管理，我主要采取了三个措施。

第一，五重值班制。针对学生的学习、生活、课余活动等，学校制定了五重值班制。第一重是领导班子值班。每天都由不同的领导负责全校的值日工作。第二重是年级组值班。从初一到高三，每个年级都成立一个团队值班，负责本年级的日常事务。第三重是班级值班。主要由班主任和班干部负责值日。第四重是学生会值班。由学生会负责学校的检查、评比工作。第五重是保安、门卫值班。这样的值班检查制度，使得学校的日常管理无死角。

第二，智能化管理。为了创建学生安全、家长放心的平安校园，我在2012年9月引进了校园“一卡通”智能化管理系统，由学生进出校门管理系统、学生就寝管理系统、学生请假管理系统和红外线围墙报警系统四部分组成，实现了学生进出校门、用餐、购物、借书、阅览、饮水、洗澡、就寝等智能化管理。此外，学校智能化管理还开发了其他系统，如新生注册报到和校服的自主选择系统、校门值班室校卫考勤刷卡系统、校区校卫巡更刷卡系统和宿舍区管理员巡逻刷卡系统、外来人员进出校园管理系统和内部车辆进出校园管理系统、视频监控系统、信息显示发布系统、自助充值系统、校园卡自助挂失系统和领导值班显示系统等。实现校园智能化管理，可以说我是廉江市第一个“吃螃蟹”的人。我在引进智能化管理系统时，是顶着学校经费紧张、外界舆论质疑等各方面的压力的，但是事实证明，这个系统可以让管理者及时、准确地把握校园动态，预防安全事故的发生。

第三，每周推优评比。对于学生的行为表现，学校每周进行一次全面性总结，并评选出先进班集体及先进个人。

学生无小事，安全最重要。我在学校的危机管理中运用了一个效应，那就是“破窗效应”。什么是“破窗效应”呢？这源于美国心理学家菲利普·辛巴杜在1969年所做的一项实验：他把两辆一模一样的汽车停在了不同的两个社区，其中一个社区是加利福尼亚州帕洛阿尔托的中产阶级区，而另一个则是治安相对不太好的纽约布朗克斯区。停在布朗克斯区的那辆汽车，他特意摘掉了车牌，打开了顶棚，结果当天就被偷走了。而停在帕洛阿尔托的中产阶级区的那辆汽车，一个星期后仍然完好如初。后来，辛巴杜用锤子把那辆车的玻璃敲了个大洞，结果仅仅过了几个小时，汽车就无影无踪了。根据这项实验的发现，政治学家威尔逊和犯罪学家凯琳提出了“破窗效应”理论，认为如果有人打坏了一幢建筑物的窗户玻璃，而破损的窗户又没有得到及时的维修，那么别人就可能受到某些暗示性的纵容而去打烂更多的窗户。久而久之，这些破窗户就给人造成一种无序的感觉，结果在这种公众麻木不仁的氛围中，犯罪就会滋生、猖獗。

尽管“破窗效应”主要是从社会犯罪心理和行为上进行的思考，但其对于社会各行各业的情况同样成立。某种不良环境因素一旦出现，就会在心理上对人们产生相当程度的暗示性和诱导性，若不采取措施及时修复第一扇被打碎玻璃的窗户，就难免会导致更多的问题，甚至引发严重危机。事实上，现实社会中的人群往往存在着一定的从众心理，甚至存在人云亦云、不分善恶、盲目效仿的习气。

对于教育管理来说，“破窗效应”的隐患无时无刻不存在着。正所谓“千里之堤，溃于蚁穴”，我的重要任务就是尽力不让学校出现“第一扇被打碎玻璃的窗户”。“破窗效应”对学校的危机管理有着非常重要的启示。

那么，学校应对危机管理有哪些方法呢？

第一，做好应对危机的心理准备。教育管理者应树立强烈的危机意识，做好应对危机的心理准备。史蒂文·芬克在《危机管理》一书中指出，管理者应该深刻地认识到，危机就像死亡和纳税一样难以避免，必须为应对危机做好计划，充分准备，才能与命运周旋。管理者只有具备了这种心理，才能预见教育管理过程中可能会产生的危机，并做好相应的预案，真正做到防患于未然。

创新箴言：教育管理者应树立强烈的危机意识，做好应对危机的心理准备。

第二，建立学校危机预警系统。建立预警系统的工作可由学校办公室协同各个职能部门进行。首先，学校各部门可先开展多种调研活动，然后由学校党委（支部）和行政处一起来研究，预测可能引起学校危机的事件，将危机因素扼杀于萌芽状态。其次，密切注意国家教育改革的现状和发展趋向以及国家在政治、经济改革政策等方面的变化，从而使学校的管理决策与社会大气候相协调。再次，加强与家长、社区、政府各职能部门的沟通与联系，及时掌握他们对学校教育的反应与评价。最后，定期或不定期召开规模不定、层次不等的汇报会，旨在听取各方的不同声音，分析学校各管理部门的运行状态，找出薄弱环节，及时制订整改措施，预测未来有可能产生的问题，便于制订应对方案。

第三，制订危机应变预案。危机预警固然重要，但在现实生活中许多危机是以不可抗拒的状态发生的。因此，要想解决危机，就要制订应对计划（即预案）。它是提供应付、处理紧急事件所需要的人力、组织、方法和措施的一整套方案。美国危机处理专家菲克形象地将危机应变计划比喻为“手电筒”。人们在突然遇到停电的情况下，首先想到的是找手电筒，然后才能在它的指引下查明停电的原因，最后修复通电。预案就好比黑暗中的手电筒，可以帮助管理者有条不紊地处理危机。制订预案可以分为三个步骤：一是成立危机应变小组，二是拟订危机应变计划，三是举行危机模拟训练。

第四，恰当地处理危机。学校危机发生后，管理者就要启动危机应变预案，恰当地处理。首先，要辨识危机。辨识危机影响的范围和人员，估计事件可能造成的后果。其次，要控制危机。危机应变小组认清危机后，要尽最大力量控制危机的扩大，可采取隔绝措施，防止其影响其他的人员和事物。这一环节同时也应包括控制危机的信息传播。学校可确定一位发言人，使其成为所有正式信息的唯一来源，让他在发布消息或声明时，在尽力维护学校的形象下说明真相，以正视听。再次，要调查危机。一般在控制危机时，情况紧急，不易对危机做深入调查，以免贻误时机，但在危机得到控制后，危机应变小组就要立即展开对危机产生的原因和造成的后果的全面调查。最后，要制订正确的危机决策。危机决策要在学校危机应变小组成员共同商议的基础上产生，如遇到不同的决策方案，要进行优选，选择最接近成功解决危机的方案。一旦做出决策，就要迅速加以实施。

第五，及时总结应对危机的经验教训。管理危机解决后，也就恢复了正常的教学秩序。此时，学校应及时总结经验和教训，可采取书面总结和口头总结的形式，把其中有价值的经验和教训提取出来，作为修改、完善危机预案的重要根据，并要加强日常的危机模拟训练，提高应对危机的能力。

此外，我还整合了校内的资源，成立了一支“护校队”。这支“护校队”的身份有点特殊，它是由学校的男教师组成的一支篮球队，平时训练篮球，但在紧急情况下，这支队伍就立刻成为保护学校的一支力量，能够有效化解危机。

我采取的这种与众不同的做法，在管理学中称作“整合”。整合力是创新的核心。哈佛大学的研究人员调查发现，创新者和头脑僵化的专业人士之间最重要的差别就是“整合能力”。何谓“整合能力”？即将各个不同领域内看似无关的问题、信息或资源成功地联系在一起的能力。研究人员说，“当你问那些创意大师们，他们是如何做到这一切的时候，他们都觉得有点儿不好意思，因为他们没觉得自己‘做’了什么。他们只是看到了一些东西，不久之后，创意便在脑海里清晰地出现了。这是因为他们有能力将已经拥有的各种经历相互联系，整合出全新的思想。他们的能力来自更多的阅历和人生体验，或来自人生经历更多的思考。很不幸，这是些珍稀品种。这些行业中的很多人都不曾有过那么丰富的阅历，没有足够的闪光点用来整合，所以只能屈就于非常单向的解决问题的方式，看待问题缺乏广阔的视野和宽泛的角度。越是见多识广的人，越能创造出更好的设计。”用乔布斯的话来说就是，“我们的阅历和知识越多样化，头脑中产生的关联就越多，新信息的输入会激发新的思维关联，有些人的头脑中就可以冒出新奇的创意”。

有很多人虽然有很好的内部资源和外部资源，但是不会通过组织和协调，把内部彼此相关但彼此分离的职能和外部既有共同的使命又拥有独立经济利益的合作伙伴整合成一个系统，以取得“1＋1＞2”的效果。而我之所以能整合内部资源和外部资源，创新性地管理学校，主要采用了三种策略。

第一种策略叫借力，就是整合利用一切的人力、物力和财力。

第二种策略叫借势，就是抓住每一次发展的机会，借用别人的能力来完成自己完成不了的事。

第三种策略叫借智，就是借人之智，完善自己。

策略一　借力

第一种策略是“借力用力”。要建设一所创新型的高水平学校，并不是一件容易的事情，这就需要借力用力。我是怎么借力用力的呢？首先，在政策资源上，我以最低的税费征得学校用地。我们都知道，学校的规划建设是要经过地方征集税费的。面对税务局一开口就要收的80万税费，我说："我们拿不出80万。"税务局局长说："我是按照政策收的，合情合理。"我说："我们建的是政府的学校，也是合理的。"后来，我又去找市委书记，请求他出台一项政策，内容大意是学校建设的所有收费都参照"危房改造"政策来进行，也就是说，按全省征地税费最低的标准来。最终，我利用政策资源，以一万多元的费用通过了地方征税，为学校的规划建设赢得了发展基础。

在管理学中，关于双方在洽谈时都做出让步有一个"零和效应"。什么叫"零和效应"呢？"零和效应"是指实力相当的双方在谈判时做出大体相等的让步，方可取得结果，亦即每一方所得与所失的代数和大致为零，谈判便可成功。然而，人类社会发展的趋势逐渐走向"非零和"，也就是我们所说的"双赢"。因此，"非零和效应"已经替代了过时的"零和效应"。如今，不少人常将"非零和效应"称为"双赢效应"。其实，我筹建一所学校，对于个人来说，就是想为教育做点事情，实现自己的人生价值；而对政府来说，这不仅是一项造福于千秋万代的民心工程，也有利于地方教育的发展，同时符合政府"创建教育强市，实现教育均衡"的需求。所以，对我的请求，政府也就顺水推舟，最后同意了。

我在筹建完成廉江市第一中学后，面临着组建师资队伍的重大问题。因为这是一所新建学校，很多有经验的优秀教师都不愿意来。眼看马上就要开学了，作为校长的我，怎样做才能在一个月的时间内组建起一支优质的师资队伍呢？首先，我想到了"借"教师。有"借地生财"的，有"借船出海"的，有"借机行事"的，也有"借题发挥"的，但你可能没有想到我会"借"教师。

通过这件事，我们可以看出创新教育管理的一个法则，那就是"想别人之未想，做别人之未做"。下面我们来看一个"不可能做到"的故事。

有一个黑人，他于1963年出生于纽约的布鲁克林贫民区，家里有四个兄弟姐妹，父亲靠自己一点微薄的工资根本就无法维持家用。从小他就在贫穷与受歧视中度过，对于未来，他看不到什么希望。13岁那年，父亲递给他一件旧衣服，问道："这件衣服能值多少钱？"他说："大概一美元。"父亲问："能卖到两美元吗？"他点了点头说："我可以试试。"于是，他小心地把衣服洗干净，没有熨斗，就用刷子把衣服刷平，铺在一块平板上晒干。

第二天，他带着这件衣服来到了人流拥挤的地铁站，经过6个多小时的叫卖，他终于卖掉了这件衣服。他紧紧地攥着两美元，一路奔回了家。以后，他每天都热衷于从垃圾堆里淘出旧衣服，打理好后去闹市里卖。

如此过了十多天，父亲又递给他一件旧衣服，问道："你想想，这件衣服怎样才能卖到20美元？"他说："怎么可能？它顶多值两美元。"父亲鼓励他："你为什么不试一试？总会有办法的。"终于，他想到了一个办法。他请学画画的表哥在衣服上画了一只可爱的唐老鸭与一只顽皮的米老鼠。这次，他选择在一所贵族学校的门口叫卖。不一会儿，一个开车接少爷放学的管家为他的小少爷买下了这件衣服。那个十来岁的孩子很高兴，还给了他5美元的小费。

25美元，这无疑是一笔巨款，相当于他父亲一个月的工资。回到家后，父亲又递给他一件旧衣服，问道："你能把它卖到200美元吗？"这一回，他没有犹疑，默默地接过了衣服。

两个月后，当红电影《霹雳娇娃》的女主演法拉佛西来纽约做宣传。记者招待会结束后，他推开身边的保安，扑到法拉佛西身边，举着旧衣服请她签名。法拉佛西看到是一个纯真的孩子索要签名，便痛快地签上了自己的名字。他经过法拉佛西的同意后，当场大声地叫卖起来："法拉佛西小姐亲笔签名的运动衫，售价200美元。"通过现场竞价，一名石油商人以1200美元的高价购买了这件运动衫。

那晚，父亲感动得泪水横流，不断地亲吻着他的额头："我原本打算，你要是卖不掉，我就找人买下这件衣服。没想到你真的做到了。你真棒！我的孩子，你真的很棒……”受到父亲启发的他，从此开始努力学习，对未来充满着希望。20年后，他的名字传遍了世界的每一个角落。他的名字叫迈克尔·乔丹。

说到这里，我们不得不佩服乔丹，面对如此不可能的事情，他竟能借力用力，想出许多创造最大利润的方式来，真是一个充满创意的人。荀子说，借助于车马的人，并非有利于双脚，但是可以到达千里之外；借助于舟楫的人，并非不善于游泳，但是可以渡过长江大河；有才能的人，并非生来与常人有什么不同，只不过善于借助外物罢了。借力可以让你站得更高、走得更远、做得更好。牛顿因为站在巨人的肩膀上，所以看得比别人更远些。而我呢，是借别人的力，做别人难做的事，最终成功了。这是我的管理创新策略之一。

创新箴言：借助于车马的人，并非有利于双脚，但是可以到达千里之外；借助于舟楫的人，并非不善于游泳，但是可以渡过长江大河；有才能的人，并非生来与常人有什么不同，只不过善于借助外物罢了。

在一个团队中，校长会遇到各种问题，其中管理的创新是关键。有的校长为了管理而管理，很少借助身边的优势创造出更多的优势，这样的结果往往是不利于学校的管理的。我通过借力，达成了初步目标，但并不满足。我引用牛顿的话鼓励自己，我不知道在别人看来，我是什么样的人，但在我自己看来，我不过就像是一个在海滨玩耍的小孩，为不时发现比寻常更为光滑的一块卵石或比寻常更为美丽的一个贝壳而沾沾自喜，而对于展现在我面前的浩瀚的真理的海洋，却全然没有发现。在展现之余，我还把眼光放到了别的方面。

策略二 借势

说起借势，我想先给大家讲个故事。杭州的娃哈哈公司自20世纪80年代后期推出的儿童营养液在江南一带打开市场后，销路很快就扩大了，企业也随之不断发展壮大。但产品还没有打进中原市场。如何能开拓这个新市场？娃哈哈公司采取了“以迂为直”的战略。他们在郑州送给每位小学生一顶黄色帽子。黄帽子早期是用于提醒机动车司机与骑自行车的人群注意来往行人安全的，但当时郑州还没有采用这个办法来保护孩子们的行路安全。娃哈哈公司在免费赠送给全市小学生的帽子上印上了自己的名字。一个早晨，全市的孩子们都戴上了同样的黄色帽子。这引起了广大市民的关注。这是在一个城市中“借势”的成功案例。

在商业上有很多借势的例子。可口可乐、腾讯、百度等许多公司争相赞助2008年北京奥运会。为什么呢？我们知道奥运会是全球、全人类的体育盛会，它吸引了全球几十亿人的眼球。只要赞助商被百分之一的人看到，就能够产生很好的广告效益。许多微小厂家就是借助大型厂家来发展自己的。有些微小厂家由于没有好的销售渠道，就采用和大型厂家合作的方式来销售自己的产品。另外，许多厂家和超市合作，在超市里面租一个摊位，它们借助超市的人气更好地来销售自己的商品。总之，借势在商业上的应用是十分广泛的，并且起到了良好的效果。

同样地，在教育管理中采用借势的策略也是一种创新。如果把学校工作比作风筝，那么风筝能飞多高，一方面取决于风筝自身的条件，更为重要的一方面是取决于风的力度，顺风而飞，乘势而上，风筝才能飞得更高更远。如何借势，更好地为教育管理服务，是校长常常要思考的问题。

创新箴言：风筝能飞多高，一方面取决于风筝自身的条件，更为重要的一方面是取决于风的力度，顺风而飞，乘势而上，风筝才能飞得更高更远。

我所管理的学校，是廉江市最为年轻的一所重点中学。为了打造一流的教师队伍，实现“争一流、创特色、办名校、育英才”的办学目标，我决定从2011年起，用5年时间通过借名校办学等方式，每年选派10名骨干教师到名校跟岗学习，再以这些教师带动其他教师，以点带面，推动学校全面发展。

2011年春，我带领几经挑选的10名教师到广东实验中学拜师学习。这10名教师在广东实验中学进行了为期一周的跟岗学习。从听课、辅导、批改作业到参加备课组和学科组的活动，大家深入教学各个环节，虚心请教，认真学习。

顺势而为，借势发展，与广东实验中学的结盟，给学校的发展带来了机遇。广东实验中学以科研为引领，以课程为平台，以社团为依托，以竞赛为磨炼，打造出科技、艺术和体育这三大特色教育品牌。我们借助于广东实验中学的社会影响力，大大提高了学校的社会关注度，整合了很多优质教育资源，为学校的发展赢得了更多机会。

借鉴名校办学，学习名校办学的模式成了一些学校发展的武器。一些校长认为，只要照搬名校的经验，就可以让自己的学校起死回生，飞速发展，实现大幅度的跨越。但是，事实并非如此简单。其实，学习名校办学，关键的不是模仿，而是创新。模仿只是手段，创新才是目标。我的别出心裁之处就是，在模仿的基础上创造出自己的东西，并为此花了很多心思。

策略三　借智

俗话说，“智者得天下”。我们先来看一个小故事。

刘邦战胜项羽后总结道：论在军帐中策划筹谋，决定千里之外的胜负，自己不如张良；论稳定国家、安抚百姓、供应军需、保证粮道畅通无阻，自己不如萧何；论统帅百万大军，战必胜，攻必克，自己不如韩信。可就是这样一个自称自己不如别人的人，竟开创了大汉王朝四百年的基业。刘邦的成功之处就在于他能够礼贤下士，借助别人的长处，充分发挥众人的智慧。

智慧是由无数的经验和教训凝聚而成的，是人类社会的一笔宝贵财富。被誉为“全球第一 CEO”的美国通用电气公司前首席执行官韦尔奇说，一个人是否有智慧，往往体现在做事的方法上。能够发现别人的才能，并为自己所用的人，就等于找到了成功的力量。他认为，从别人那里借用智慧，比获得金钱更划算。只有善于借助他人智慧的人，事业才有支点，才有可能迈向成功之路。我也很喜欢借智，经常出去走走，看看别的学校是如何办学的，并与他们交流学习。人在见多识广后，思路与境界就会变得不一样，所遇到的困惑也会迎刃而解。毕加索有一句名言：“好的艺术家复制作品，伟大的艺术家窃取灵感。”窃取灵感就是借智。

创新箴言：从别人那里借用智慧，比获得金钱更划算。只有善于借助他人智慧的人，事业才有支点，才有可能迈向成功之路。

“借”是一种生活智慧，是一种人生谋略，是一种成功的艺术。我们要学会巧借别人的智慧，将其转化为自己的智慧。因此，学会“借”，善于“借”，妙用“借”，会使你得到很多意想不到的收获。在借智上，我主要采用了三个招数。

第一招是“它山之石，可以攻玉”。继“绿色行动”后，我做的第二件事是转变学校的办学方向，鼓励学生走艺考之路。一方面，我分析了学校当时的情况，发现学校的环境较差、教学设备落后、师资水平低、学生来源差、社会影响力低，学校的综合实力在市里排名属于倒数。难题来了，如何让学校从排名倒数变为名列前茅呢？如果学校按原来的路子走，那么发展不会有太大的起色。另一方面，我发现一所与本校水平相当的学校，凭借艺术教育发展得特别好。于是，我就组织教师去该校考察，一探究竟。这次考察，我借回了办学经验，就是进行错位竞争，以艺术教育作为突破口，力求打赢翻身仗。这次，我又获得成功，使艺术教育成为学校的品牌，学校的发展又前进了一步。

第二招是结合实际，自主创新。在福建考察时，我对某校成功的教学改革感到非常震撼，于是进行详细了解，通过深入交流，获得了第一手资料。我认为，学校必须进行教学改革才有出路，可以通过借鉴其他学校的成功经验，进行自主创新。经过深入研究，我创造性地提出了“三导五步”教学模式。实践证明，这种模式比较切合学校实际，使教学质量得到了很大的提高。

第三招是参加培训，交流学习。校长职业的专业化，意味着校长要不断学习，修炼自己，提高自己。为了提升自身的管理能力，我参加了很多校长培训，其中令我印象最深刻的是在北京师范大学的那次培训。在为期两年的培训中，我在认真学习之余，经常与来自全国各地的同行进行交流、讨论。通过交流，我发现了自己的不足，从而借鉴别人的成功经验来完善自己的管理思想；通过交流，还会产生很多思想的碰撞、灵感的火花，从而给我带来了有益的启发。借助民资在廉江市建设一所高标准的实验学校的想法，就是因为在那次培训中和别人交流受到启发而产生的。

路漫漫其修远兮，吾将上下而求索。对于我来说，没有最好，只有更好，我会一直走在创新教育管理的路上。

江苏凤凰教育出版社
《行知工程》系列丛书目录

系列	序号	书　　名	主编	定价
校长领导力系列	1	《学校高效管理的创新力》	张旭	30.00
	2	《学校教育提升的引领力》	谢文东　关敏华　王林发	30.00
	3	《校长智慧统筹的领导力》	谢耀丰　蔡丽姗　王林发	30.00
	4	《学校细节管理的执行力》	林文明　王林发	30.00
	5	《学校持续发展的研究力》	林文智　宋佳敏　王林发	30.00
	6	《学校和谐融洽的协作力》	陈一平　郭雪莹　王林发	30.00
	7	《学校团队成长的学习力》	黄纪　蔡美静　王林发	30.00
	8	《学校成功管理的决策力》	邱黎明	30.00
	9	《高品质学校生长要素》	王益民	30.00
	10	《校长高校教学领导力提升策略》	徐世贵　郭文哿	30.00
创新教学探索系列	11	《做童年面前最合适的人——我和孩子们的“童化语文”》	曹丽秋	30.00
	12	《品世界名画，学精彩作文——特级教师的“名画”作文教学法》	李日芳	36.00
	13	《玩出精彩作文——张化万活动作文教学经典策略》	张化万	35.00
	14	《〈红楼梦〉里的语文课》	李日芳	30.00
	15	《让学生把母语用精彩——“语用课堂”的探索与实践》	佘小红	30.00
	16	《“备”出课堂精彩——备学式教学的课堂实践与思考》	张旭兰	30.00
	17	《神奇的阅读教室——带学生踏上美妙的阅读之旅》	李祖文	30.00
	18	《打造有生命力的课堂——“两步八环节”教学模式探索与实践》	查联智	30.00
	19	《最能培养学生探究能力的课堂——小学科学与信息技术单元整体课程实施与评价》	李怀源	30.00
	20	《最能激发学生运动天赋的课堂——小学体育单元整体课程实施与评价》	李怀源	30.00
	21	《最能提升学生艺术素养的课堂——小学艺术单元整体课程实施与评价》	李怀源	30.00
	22	《“生命语文”探索——焕发语文生命力的思考与实践》	王自成	30.00

系列	序号	书　　　名	主编	定价
创新教学探索系列	23	《粘连作文教学：让习作成为有个性的自我建构》	黄瑞夷	30.00
	24	《备学式教学——在体验中建构数学思维》	单广红　范雪梅	30.00
	25	《向着自主进发——自主教育的创新实施智慧》	朱亚红	30.00
	26	《写中学——让学习更有效的学科写作教学》	钟传祎	30.00
	27	《小学科学实验总动员——大科学课堂有效提升学生创新力》	江美华	30.00
	28	《小学语文单元整体课程实施与评价》	李怀源	30.00
	29	《小学英语单元整体课程实施与评价》	李怀源	30.00
	30	《小学数学单元整体课程实施与评价》	李怀源	30.00
	31	《让教学更能激发智慧——“思维碰撞”课堂的建构与实施》	程和方	30.00
新思维系列	32	《让后进生学习有后劲之36计》	严育洪	30.00
	33	《教育中的“不一定”——打破教育的19种思维惯式》	严育洪	30.00
教师修炼系列	34	《与学生一起成长——90后教师的心路反思》	王　晗	30.00
	35	《教育，爱与宽容——教师心灵礼仪修炼》	许力争	30.00
教育家核心思想系列	36	《叶圣陶论写作》	叶圣陶 著 李怀源 选编	30.00
	37	《叶圣陶谈阅读》	叶圣陶 著 李怀源 选编	30.00
	38	《多元智能理论的本土化应用》	刘治富	30.00
	39	《大教育家最具施教力的教学思想》	白刚勋	30.00
教育求索系列	40	《欣说教育那“一亩三分地” ——一位一线教师的教育微思考》	王庆欣	30.00
	41	《爱的守望——一位一线教师对教育的坚守》	林卫红	30.00
	42	《思政教学的人文力量》	戴晓华	30.00
	43	《师道新说——给教育者的30条箴言》	徐　卫	30.00
学生心理解码系列	44	《在人生的春天播种——十四岁，写给青春的一封信》	白宏宽	30.00
	45	《孩子问题行为一点通 ——只有好老师才知道的学生心理谜底》	严育洪	30.00
校本研修系列	46	《徜徉语文教研》	肖俊宇	35.00
	47	《校本研修资源的开发与利用》	陈朝林	30.00
	48	《校本研修与教师专业成长》	吴积军	30.00
	49	《卓越教师经典研修成长策略》	刘天宝等	30.00
	50	《特色校本课程开发范例解读》	刘永平　李秀伟 张雪梅	30.00
	51	《高效校本研修模型构建艺术》	刘素雁	30.00
	52	《走向实践的教研——中小学教育科研引领与应用》	江　敏	30.00

系列	序号	书　　名	主编	定价
名校系列	53	《让每个孩子都成志——清华附小主题阅读课程的实施探索》	窦桂梅	30.00
	54	《让每个孩子都成志——清华附小主题实践课程的实施探索》	窦桂梅	35.00
	55	《向着朝阳走去——清华附小合作办学实践探索》	窦桂梅	30.00
精彩课堂系列	56	《给孩子更好的数学课堂》	易增加	30.00
	57	《小学生阅读素养的提升策略》	邵巧治	35.00
	58	《从语文素养走向生命成长——小学语文读写课堂教学密码》	曾海玲	30.00
	59	《真实的品德课》	朱淑秀	30.00
	60	《英语课堂学习共同体——新型的师生交互学习场》	杨延从	30.00
	61	《指导自主学习——初中数学学与教的研究与实践》	刘其武	30.00
	62	《玩出精彩的课堂——小学低年级教与学方式转变研究》	陶红松	30.00
	63	《让生命之花自主绽放——语文个性化教学建构策略》	商德远	30.00
	64	《让学生亲历知识——主体参与下体验式学习的实施策略》	何世祥	30.00
教育思想者系列	65	《高效教学的道与术——陶继新教育讲演录》	陶继新	30.00
	66	《名校之道——陶继新对话名校长（1）》	陶继新	30.00
	67	《教育，一切从孩子出发》	黄　俭	30.00
教育管理力系列	68	《缔造唯美教育——延奎小学素质教育实施策略》	易增加	30.00
	69	《让普通学校崛起的20个细节——“生命为本”教育团队成长密码》	李其玉	30.00
	70	《“走”出教育的精彩：走动式学校管理文化构建》	罗　军	30.00
	71	《校长兵法：学校管理四十六计》	皮大鹏	30.00
班级文化系列	72	《活力班级的文化建设》	胡　珏	30.00
	73	《做幸福的班主任》	吕　丽	26.00
高效能教学系列	74	《高效能教师的10个好习惯（中学卷）》	张　瑾	30.00
	75	《让作文落地生根——提高写作实效的教学策略》	黄桂林	30.00
	76	《高效能作文教学5项修炼》	陈步华	30.00
	77	《高效能校长的10个好习惯》	张　勤	30.00
	78	《高效能教师的10个好习惯（小学卷）》	谢　英	30.00
	79	《高效能语文教学5项修炼》	王其华	30.00
新课程探索系列	80	《语文新课程的批判与重建》	葛桂斌	30.00

系列	序号	书名	主编	定价
美国名师教学译丛	81	《美国名师游戏教学本土化应用：幼儿园》	（美）玛西娅 L. 泰特 著 胡珍 瞿菁 编译	30.00
	82	《美国名师游戏教学本土化应用：小学英语》	（美）玛西娅 L. 泰特 著 杨永华 张心影 编译	30.00
	83	《美国名师游戏教学本土化应用：小学数学》	（美）玛西娅 L. 泰特 著 谢艳红 编译	30.00
	84	《美国名师游戏教学本土化应用：小学科学》	（美）玛西娅 L. 泰特 著 刘丽萍 编译	30.00
	85	《美国名师游戏教学本土化应用：小学社会》	（美）玛西娅 L. 泰特 著 姜梅芳 编译	30.00
	86	《美国名师游戏教学本土化应用：小学音体美》	（美）玛西娅 L. 泰特 著 尹立志 编译	30.00
鲁派名师名校·教育探索者系列	87	《悦读立人——校园阅读文化体系构建策略》	杨世臣	30.00
	88	《教育智慧何处来——一位特级教师的思考手记》	付立金	30.00
	89	《和雅文化——校本课程的创新构建》	汤善香	30.00
	90	《让个性绽放精彩——学校课程体系整合与创生》	谢建伟 徐淑萍	30.00
	91	《让每个学生都幸福——最能润泽生命的学校文化建设》	谢建伟 张新喜	30.00
生态化校园系列	92	《文化管理——构建生态和谐校园的必由之路》	付全新	30.00
	93	《点燃学习的激情——构建校园生态化学习型组织》	杨树岳	30.00
	94	《课改突围——构建学校生态化教学体系》	杨树岳	30.00
教育新思考系列	95	《语文教育向何处去》	王丛	26.00
	96	《教育，就是做好普通的事》	孙志毅	27.00
	97	《走出语文的偏见——让学生体悟文本的原义》	丛智芳	30.00
	98	《让语文教学更高效——批注式阅读教学探索》	韩中凌	30.00
	99	《读写互促——探寻学以致用的语文教学》	曹龙	30.00
	100	《跳出数学教数学——用文化融通数学教学》	马建秀	27.00
名师感悟系列	101	《让心灵伴着歌声成长——22 位音乐名师的教育智慧》	陈璞	30.00
	102	《超越自我的教师——32 位名师的成长感悟》	李卫东 李秀伟	35.00
	103	《心灵的守护者——19 位名班主任的教育智慧》	王晓松 曲文弘	30.00
	104	《名师感悟班主任有效工作艺术 90 例》	符礼科	30.00
	105	《名师感悟有效教学 90 例》	林高明 徐玉烟	30.00
信息化教学系列	106	《巧用白板教语文——信息技术与语文教学操作指南》	蒋丽清	30.00
	107	《跨越式实现高效课堂 ——信息技术与课程整合高效教学方案评析》	陈玲 刘禹	30.00

系列	序号	书　　　名	主编	定价
教师必读系列	108	《教师必学的16堂修养课》	武宏伟	30.00
	109	《教师不可不知的教学心理效应》	叶勇军	30.00
	110	《班主任不可不知的管理效应》	奚一琴	30.00
	111	《教师不可不知的教育心理效应》	孙　媛	30.00
	112	《校长不可不知的管理效应》	谢申刚　张金豹	30.00
	113	《成为好教师的7项修炼》	王福强　李维华	30.00
	114	《如何让学生会学习》	龙　冰	30.00
	115	《如何让学生爱学习》	周震宇　许小燕	30.00
核心教学主张系列	116	《新生代语文名师核心教学主张》	许友兰	30.00
行思讲坛系列	117	《灵动而朴素地教语文——潘文彬的微格教育生活》	潘文彬	30.00
	118	《师爱无疆——润泽学生心灵的教育故事》	侯忠彦	30.00
	119	《怎样反思更有效 ——促进教师专业发展的反思策略》	诸贝贝	30.00
	120	《成为高度自觉的教育者——写给后课标时代的数学教师》	许卫兵	30.00
	121	《哲思数学课》	刘全祥	30.00
	122	《智慧数学课——黄爱华教学思维的实践策略》	黄爱华	30.00
	123	《童趣数学课》	徐　芳	30.00
	124	《把学生教聪明》	严育洪	30.00
	125	《教师最应该规避的教育误区》	杨坤道	30.00
	126	《用语文的方式教语文——潘文彬教学主张与实践智慧》	潘文彬	30.00
	127	《怎样让阅读教学更有效 ——提升教学能力的十种读诵模式》	汪秀梅	28.00
	128	《让生命在润泽中起舞 ——当代小学生最需要的主题班会》	吴联星　罗　琳 冯卫东	30.00
	129	《让生命欢快拔节 ——当代中学生最需要的主题班会》	冯卫东　吴联星	30.00
	130	《课堂因生成而精彩——高效教学的生成智慧》	张文质	30.00
	131	《回到每一个人的生命化教育 ——张文质二甲中学教育行动录》	张文质	30.00

系列	序号	书名	主编	定价
中国教育变革之路丛书	132	《百年树人师何为——教师队伍建设困顿与出路》	将丽珠 李玉向	30.00
	133	《入园何时不再难——学前教育困惑与抉择》	曾晓东 范 昕 周 慧	30.00
	134	《三尺书桌何处寻——流动人口子女教育困难与破解》	范先佐	30.00
	135	《苦旅何以得纾解——高考改革困境与突破》	郑若玲	30.00
	136	《择校纠结何时了——择校问题困局与治理》	曾晓东 周文海 曾娅琴	30.00
创新教学思想系列	137	《“大问题”教学的形与神》	黄爱华 张文质	30.00
教育漫笔系列	138	《课堂，诗意地栖居》	吴书华	30.00
教学提升系列	139	《有思想地教阅读——让学生学会品读文字真意》	王学东	30.00
教育艺术提升系列	140	《藏在师生体态语言里的教学智慧》	张 宇 廖生波	30.00
教学全手册系列	141	《小学习作教学全手册》	郭家海	30.00
	142	《中学写作教学全手册》	郭家海	30.00
	143	《情境教学操作全手册》	冯卫东	35.00
	144	《合作教学操作全手册》	李春华	35.00
	145	《探究教学操作全手册》	周新桂	35.00
	146	《自主教学操作全手册》	诸葛彪	35.00
	147	《创新教学操作全手册》	王 玮	35.00
	148	《班主任工作全手册》	刘沛华	35.00
	149	《新教师工作全手册》	周震宇	35.00
	150	《学生心理健康教育全手册》	刘海莉 刘春杰	35.00
	151	《高效教学操作全手册》	马友平	35.00

系列	序号	书　名	主编	定价
创新人才培养系列	152	《创新人才培养校园科普精品课程开发与指导——人大附中创新人才培养》	罗　滨	30.00
	153	《创新人才培养特色校本课程开发与创新人才培养——清华附中“国际安全下的科学技术”课程构建与实施》	王殿军　方　研　赵宏雁	30.00
	154	《创新人才培养：学校实验室建设与管理》	刘克文　杨发丽　杨　平	30.00
	155	《创新人才培养：数学探究活动开发与指导》	马云朋　韩继伟	30.00
	156	《创新人才培养：化学研究活动开发与指导》	王　磊	30.00
	157	《创新人才培养：物理探究活动开发与指导》	廖伯琴	30.00
	158	《创新人才培养：地理探究活动开发与指导》	张建珍　陈　澄	30.00
	159	《创新人才培养：生物探究活动开发与指导》	张迎春	30.00
	160	《创新人才培养：理念探索与思维突破》	王晶莹	30.00
新生代通派名师系列	161	《简约数学教学》	许卫兵	30.00
	162	《语文教学的本真——情意课堂展现母语之美》	吴建英	30.00
	163	《语文课堂的理想追求——欢快达成三维目标》	董一红	30.00
	164	《阅读教学的真髓——意象构建读出文学的真美》	祝　禧	30.00
	165	《美术教育的真谛——审美人生教育让生命绚丽成长》	陈铁梅	30.00
	166	《语文教学的理想境界——无痕教学润泽生命》	李　凤	30.00
	167	《儿童作文的本义——嬉乐作文让儿童乐并成长着》	王笑梅	30.00
	168	《名师是怎样炼成的》	王建明　王笑君	35.00
幼师成长系列	169	《幼儿行为背后——教师如何读懂幼儿的心思》	吴亚英	30.00
	170	《最具教育力的 22 种幼儿教育思想》	杨　达	30.00
	171	《幼儿教师必知的安全应急措施》	杨　达	30.00
	172	《幼儿教师必备的教育技能》	李　玲	30.00
	173	《卓越园长 21 条幼儿园管理策略》	周　丹　江东秋	30.00